ALEIDA ASSMANN

Menschenrechte und Menschenpflichten

Gedruckt nach der Richtlinie des
Österreichischen Umweltzeichens
„Druckerzeugnisse“,
Christian Theiss GmbH, Nr. 869

MIX
Papier aus verantwortungsvollen Quellen
FSC® C012536
FSC
www.fsc.org

2. Auflage 2018

Grafische Gestaltung: Dorothea Löcker, Wien
Druck und Verarbeitung:
Christian Theiss GmbH, St. Stefan im Lavanttal
ISBN 978-3-7117-2072-6

Informationen über das aktuelle Programm
des Picus Verlags und Veranstaltungen unter
www.picus.at

ALEIDA ASSMANN

Menschenrechte und Menschenpflichten

Schlüsselbegriffe für eine humane Gesellschaft

PICUS VERLAG WIEN

Für Lionel, Anselm, Maxime, Fritz und Luka

INHALT

VORWORT

Vor über zwanzig Jahren hat der israelische Philosoph Avishai Margalit ein Plädoyer für eine Politik des Anstands veröffentlicht.[1] Indem er von der Frage nach der *gerechten* Gesellschaft zur Frage nach der *anständigen* Gesellschaft überging, hat er einen wichtigen theoretischen Perspektivenwechsel eingeleitet. Eine anständige Gesellschaft definiert Margalit als eine Gesellschaft, deren staatliche Institutionen niemanden herabsetzen, beleidigen oder anderweitig demütigen. In seinem Buch spielt der Begriff der Ehre eine große Rolle, den er mit Selbstachtung gleichsetzt und den er für die politische Diskussion rehabilitieren möchte. (52) Während Selbstwertgefühl, Stolz und soziale Ehre auf eigenen Leistungen beruhen und im Sinne eines Mehr oder Weniger graduierbar sind, ist die Selbstachtung ein egalitäres Konzept, das auf der Zugehörigkeit zum Menschsein gründet. An diesem Punkt führt Margalit den Begriff der Würde ein: »Würde ist ein Ausdruck der Achtung, die Menschen aufgrund ihres Menschseins sich selbst entgegenbringen.« (61) Die Verletzung dieses Wertes vergleicht er in religiöser Metaphorik mit der Entweihung eines Tempels.

---

1 Avishai Margalit, Politik der Würde. Über Achtung und Verachtung (1996), Berlin 2012. Vgl. auch: Friedrich F. Bresina, Die Achtung. Ethik und Moral der Achtung und Unterwerfung bei Immanuel Kant, Ernst Tugendhat, Ursula Wolf und Peter Singer. Wiener Arbeiten zur Philosophie: Reihe B: Beiträge zur philosophischen Forschung, Band 3, Frankfurt a. M. 1999.

In der Folge von Margalit wurde das Konzept der Selbstachtung, das ein Selbstverhältnis beschreibt und sich auf gleichberechtigte Individuen bezieht, durch den Begriff der Anerkennung ergänzt, der das Konzept der Würde von Anfang an auf interpersonale Beziehungen gründet.[2] Nicht die Selbstachtung aufgrund des eigenen Menschseins wäre demnach der Ursprung des Konzepts der Würde, sondern ihre An- oder Aberkennung durch andere. Die Konstellation von Ich und Du, der Mensch in der Rolle des Mitmenschen und die Selbstwerdung durch Anerkennung des Anderen und durch Andere ist eine Denktradition, die seit den zwanziger Jahren besonders von jüdischen Denkern entdeckt und als ein Gegenmodell zur selbstgenügsamen Tradition deutscher Ich-Philosophie entwickelt wurde.[3]

Diese philosophischen Traditionen und ihre Fragestellungen haben angesichts des Zerfalls verbindlicher Ideologien und verbindender Theorien eine neue Aktualität gewonnen. Gleichzeitig haben sich die Voraussetzungen für diese Grundfragen der Menschenwürde und Mitmenschlichkeit unter postkolonialen und globalisierten Verhältnissen noch einmal erheblich verändert. Margalit hat sich in seinem Buch über die Politik der Würde sprachlich auf die negative Seite des Befunds konzentriert und spricht von Demütigung, Beschämung, Erniedrigung und Verhöhnung. Warum beschreibt er die anständige Gesellschaft »negativ, als

---

2 Axel Honneth, Kampf um Anerkennung. Zur moralischen Grammatik sozialer Konflikte, Frankfurt a. M. 2003.

3 Martin Buber, Ich und Du; Karl Löwith, Das Individuum in der Rolle des Mitmenschen (1928), Darmstadt 1961; Emanuel Levinas, Humanismus des anderen Menschen. Übersetzt und mit einer Einleitung versehen von Ludwig Wenzler, Hamburg 1989.

eine nicht-demütigende Gesellschaft, statt vielmehr positiv, sagen wir als eine Gesellschaft, die ihre Mitglieder respektiert?« Seine Antwort auf die Frage lautet: »Es ist sehr viel dringender, unerträgliche Übel zu beseitigen, als Gutes zu schaffen. Demütigung ist ein schmerzliches Übel, Achtung hingegen ein Gut. Demütigung zu vermeiden sollte daher wichtiger sein, als Achtung zu zollen.«[4]

Ich möchte Margalits nachvollziehbarer Entscheidung ein Argument von Richard Sennett gegenüberstellen. Er wiederum hat auf eine Lücke in unserer Begrifflichkeit hingewiesen, als er feststellte: »Modernen Gesellschaften fehlen positive Ausdrucksformen für Respekt und die Anerkennung von anderen über soziale Grenzen hinweg.«[5] Seit der Millenniumswende sind zunehmend positive Begriffe aufgetaucht, die sich in unserem post-ideologischen Zeitalter als Orientierungsvokabeln anbieten und auch schon eine beachtliche Verbreitung und Konjunktur erfahren haben. Zu ihnen gehören Begriffe wie »Anstand«, »Höflichkeit«, »Zivilität«, »Anerkennung«, »Respekt« und »Empathie« – Begriffe, die in der Alltagssprache verwurzelt und präsent sind, aber selten auf ihre Geschichte und ihren Bedeutungsumfang hin befragt werden. Hier kann eine literaturhistorische und kulturwissenschaftliche Betrachtung einspringen und die philosophischen oder rechtlichen Beschreibungen ergänzen. Wie ich zeigen möchte, stammen diese Begriffe aus unterschiedlichen Kontexten, haben ihre je eigenen Genealogien und Anwendungsbereiche. Sie sind

4 Margalit, Politik der Würde, 16.

5 Richard Sennett, Respect in a World of Inequality, New York 2003, xv.

alle nicht neu, tauchen aber nun in kulturellen, sozialen und politischen Diskursen mit einer neuen Dringlichkeit wieder auf. Sie alle verbinden sich mit der Anstrengung, etwas zu sichern, das gerade an Selbstverständlichkeit und Evidenz verliert, oder dem Wunsch, wiederherzustellen, was über längere Zeit in Verruf oder Vergessenheit geraten ist. Warum mussten diese Begriffe erst wiederentdeckt werden? Tatsächlich waren sie eine Weile »out«. Sie passten nicht zum Befreiungspathos der Achtundsechziger-Bewegung. Höflichkeit galt als konservativ oder gar als reaktionär; sie stand für äußeren Zwang und kollidierte mit Konzepten der individuellen Spontaneität und Authentizität. Anerkennung kollidierte mit positiven Normen wie Kritik und Herausforderung. Respekt klang hoffnungslos altmodisch und abgelebt, und eine Wiederentdeckung der Empathie und der Bedeutung von Gefühlen wurde überhaupt erst 2000 mit neuen Entdeckungen der Hirnforschung möglich.

Dass sich in diesem Punkt gerade etwas ändert, beweisen zwei aktuelle Publikationen, die sich der Geschichte der Höflichkeit und der Geschichte der Anerkennung annehmen und uns dabei die Bedeutung dieser Begriffe für die Gegenwart nahebringen. Der englische Kulturhistoriker Keith Thomas hat soeben ein Buch über die Geschichte der Höflichkeit in der frühen Neuzeit veröffentlicht, in dem er drei Thesen formuliert.[6] Die erste ist, dass sich die Standards dessen, was als zivilisiert gilt, in der Geschichte ständig verschieben. Die zweite ist, dass der Gegensatz

---

6 Keith Thomas, In Pursuit of Civility. Manners and Civilization in Early Modern England, New Haven 2018.

zwischen »roh« und »zivilisiert« über weite Strecken der Geschichte dazu benutzt wurde, Menschen in Gruppen zu teilen, um sie besser bekämpfen oder ausbeuten zu können. Seine dritte These, an die ich mich im Folgenden anschließen möchte, betrifft die Zivilisierung der Kommunikation. In Zeiten von Religionskämpfen und sozialen Konflikten hat die Entwicklung eines höflichen Kommunikationsstils, der frei ist von Niedertracht, Gewalt und Erniedrigung, Menschen geholfen, tiefgehende und latent gefährliche Unterschiede in der Gesellschaft zu überbrücken und harmonisch zusammenzuleben. Zurückhaltung, Toleranz und gegenseitiges Verstehen zählt Thomas zu den notwendigen Voraussetzungen für menschliches Zusammenleben. Der deutsche Philosoph Axel Honneth hat gerade eine »europäische Ideengeschichte« des Begriffs der Anerkennung vorgelegt, in der er unterschiedliche nationale Traditionen dieses Begriffs rekonstruiert.[7] Auch er betont die Bedeutung einer solchen Untersuchung für die Gegenwart: »Es ist wichtig für unsere demokratische Kultur, sich die historischen Ursprünge und Entwicklungen derjenigen Ideen oder Begriffe vor Augen zu führen, von denen unser politisch-soziales Zusammenleben bis heute nachhaltig geprägt ist.« (13)

Dieser Band versteht sich als ein weiterer ideen- und kulturgeschichtlicher Vorstoß in dieser Absicht. Begriffe, die zum Teil eine lange professionelle Diskussion in rechtlichen, historischen und philosophischen Disziplinen hinter sich haben, sollen hier einmal aus dem Kokon der Spezia-

7 Axel Honneth, Anerkennung. Eine europäische Ideengeschichte, Berlin 2018.

listendiskurse herausgeholt, mit anderen Begriffen zusammengestellt und auf ihr kulturelles, ethisches, soziales und politisches Potenzial für das 21. Jahrhundert befragt werden. Die Kandidaten, die im Folgenden vorgestellt und auf ihre mögliche Rolle als Schlüsselbegriffe für eine humane Gesellschaft hin untersucht werden, sind Menschenrechte und Menschenpflichten, Höflichkeit und Sozialität, Anerkennung und Respekt, Empathie und Ähnlichkeit.

Der Band *Menschenrechte und Menschenpflichten* ist aus einer Wiener Vorlesung hervorgegangen, zu der mich Hubert Christian Ehalt angeregt hat, dem ich für seine Unterstützung, Kritik und Freundschaft herzlich danke. Die Möglichkeit, diesen Band ein Jahr später durch einen zweiten Teil zu ergänzen, der Schlüsselbegriffe für eine humane Gesellschaft vorstellt und diskutiert, verdanke ich der Jury, die Jan Assmann und mir den Friedenspreis des Deutschen Buchhandels 2018 zuerkannt hat. Indem sie plötzliche Aufmerksamkeit auf dieses unscheinbare Bändchen gerichtet hat, ermutigte sie mich und den Verlag zu dieser erweiterten Neuauflage. Ich danke Alexander Potyka und Barbara Giller vom Picus Verlag, dass sie mich bei der Umsetzung dieses Projekts unter erheblichem Zeitdruck so kompetent und verständnisvoll begleitet haben.

ERSTER TEIL
MENSCHENRECHTE UND MENSCHENPFLICHTEN

EINLEITUNG

Es gibt Themen, die man entdeckt, mit denen man sich beschäftigt, und die nach einem langen Intervall wieder zu einem zurückkommen. So ging es mir mit dem Thema Weisheit, das ich Anfang der neunziger Jahre für mich entdeckte. Es faszinierte mich als ein Thema, das von keiner einzelnen Disziplin besetzt worden war und besetzt werden kann. Es reicht zurück in die Anfänge der Kulturen, manifestiert sich in verschiedenen Traditionen und zeigt sich ebenso in literarischer wie in lebenspraktischer Gestalt.[8] Die Wiederbegegnung mit der Weisheit ereignete sich für mich unerwartet unter dem Begriff der »Menschenpflichten«, ein Stichwort, das ich mir unvorsichtigerweise und ohne klare Vorkenntnisse und Thesen als Thema für eine Wiener Vorlesung ausgesucht hatte. Was mich leitete, war nichts als die Neugier und der Wunsch, mehr über diesen Begriff und sein Verhältnis zu den Menschenrechten zu erfahren.

Bei der Recherche und Arbeit an diesem Thema habe ich von drei Kontexten profitieren können, die mich sehr angeregt und die mir geholfen haben, meine Gedanken zu

8 Aleida Assmann (Hg.), Weisheit. Archäologie der literarischen Kommunikation III, München 1991.

entwickeln. Der erste Kontext war eine Wiener Vorlesung, die ich in einem öffentlichen Gespräch im Sendehaus des Österreichischen Rundfunks mit Hubert Christian Ehalt diskutieren durfte. Der zweite Kontext war die Aufführung einer Bach-Kantate in Trogen (Schweiz), wo ich die Ehre hatte, eine Reflexion über den Text der Kantate beizusteuern. Der dritte Kontext war ein Vortrag im Kindermuseum ZOOM in Wien, zu dem mich Elisabeth Menasse animiert und eingeladen hat. Hier hatte ich die wunderbare Gelegenheit, das Thema kindgerecht aufzubereiten und mit den Kindern zu diskutieren.

Weitere wichtige Impulse verdanke ich Norbert Thomassen vom InterAction Council, der mir die Publikation *Verantwortung* zugeschickt hat, und Stephan Schmid-Keiser von der *Schweizerischen Kirchenzeitung*. Ein besonders herzlicher Dank geht ans IFK, wo ich vom März bis Juni 2016 forschen durfte, an einer Siegfried-Kracauer-Tagung teilnehmen konnte und die allerbesten Gesprächspartnerinnen fand. Aber auch das IWM war während dieses Aufenthalts unschätzbar; ich danke Shalini Randeria für wichtige Anregungen und Till van Rahden für seine Ideen, sein Interesse und die prompte und regelmäßige Versorgung mit aktueller Forschungsliteratur.

1. DIE KRISE DER EU

MIGRATION ALS EINE EUROPÄISCHE ERFAHRUNG

Die Erfahrung von Flucht, Vertreibung und Migration hat in Europa eine lange Geschichte. Heute, unter dem Eindruck der aktuellen Massenflucht, ist sichtbar geworden, was lange Zeit durch andere Ereignisse überlagert war: In ihren vielen Gestalten von Umsiedlung, Deportation, Flucht und Vertreibung ist Migration ein zentraler Teil der europäischen Gewaltgeschichte, die 1945 keineswegs ein Ende fand, sondern sich weit in die Nachkriegszeit fortsetzte. Aber auch freiwillige Migrationsbewegungen begannen nach dem Zweiten Weltkrieg mit Rückwanderungsbewegungen aus ehemaligen Kolonien und sogenannten »Gastarbeitern« aus Südeuropa und außereuropäischen Ländern, die inzwischen in der dritten Generation in Europa leben. Diese lange Migrationsgeschichte hat bislang noch kaum klare Konturen in der europäischen Erinnerungskultur erhalten. Dafür fehlt vorerst noch ein Narrativ, und das liegt wohl nicht zuletzt daran, dass es sich hier um eine im wahrsten Sinne des Wortes »unendliche Geschichte« handelt, die sich in ganz unterschiedlichen historischen Kontexten wiederholt.

Auch nach 1989 kam es in Europa noch einmal zu erheblichen Bevölkerungsverschiebungen. Der Vergleich zwischen 1989 und 2015 ist instruktiv, denn er macht deutlich, welche Unterschiede und Herausforderungen mit der gegenwärtigen Migration auf die EU zukommen. Wolfram Eilenberger hat aus der Gegenwartsperspektive über den Herbst 1989 geschrieben: »Der Fall der Mauer bedeutete einen enormen Mobilitätsschub. Im Zeichen der Freiheit ordnete er die Landkarte Deutschlands, Europas, ja faktisch der ganzen Welt politisch neu.«[9] Wer über 1989 nachdenkt, verwendet Worte wie »Mobilität« und »Freiheit«. Mobilität ist der Oberbegriff für das Thema Migration. Menschen haben sich schon immer im Raum bewegt, um Gefahren zu entgehen oder um ihre Lebenschancen zu verbessern. Obwohl es viele Beispiele für erzwungene oder freiwillige Sesshaftigkeit gibt, gehören Menschsein und In-Bewegung-Sein grundsätzlich zusammen, weil Menschen von der Evolution – ähnlich wie die mechanische Uhr – mit einer »Unruhe« ausgestattet sind. Der Fall der Mauer erlaubte es vielen Menschen, die lange Zeit festgehalten worden waren, sich im geografischen Raum wieder frei zu bewegen und neu zu orientieren. Seither ist Europa die Region geworden, in der Mobilität und Freizügigkeit zentrale Werte und für viele eine primäre Errungenschaft geworden sind. Mit dem Schengen-Abkommen wurden Binnengrenzen abgeschafft, eine junge, mobile Erasmus-Generation wuchs auf, die die Wirklichkeit einer bedrohlichen Grenze mit Schussanlagen nur noch vom Hörensagen kannte. Nach 1990 kam es zu weiteren Migrationsströmen sowohl von Osten nach Westen wie von Westen nach Osten, die Europa neu durchmischten.

---

9 Philosophie Magazin 2/2016.

Aber all das ist nichts im Vergleich mit der politischen Wende, die wir inzwischen erlebt haben. 2015, so fährt Eilenberger fort, »markiert das Ende der zentralen Lebenslüge einer ganzen europäischen Generation«. Er meint damit die in der mentalen Festung Europa genährte Illusion, die globalen Bewegungen des Kapitalismus, der Kriege und das millionenfache Leid in Ländern des Nahen Ostens, Asiens und Afrikas könnten weiterhin »lebensweltlich auf Distanz« gehalten werden. Der Zusammenbruch dieser Illusion ereignete sich mit der Ankunft einer Migrantenbewegung aus zerfallenden Staaten und aktuellen Kriegsregionen, die nicht mehr in das alte und schon gar nicht in das neue Mobilitätsschema passt. Der Kontrast zwischen 1989 und 2015 ist offensichtlich: 1989 war ein *europäisches Ereignis,* 2015 war ein *globales Geschehen.* Damals hatte man das euphorische Gefühl der Überschreitung von Grenzen im Zuge erweiterter Freiheit und Mobilität, heute ist es das genaue Gegenteil: Täglich erleben wir eine Form von Mobilität, die nicht von uns ausgeht, sondern auf uns zukommt und an jedem Punkt unseres Landes erfahren wird. Nachdem man Grenzen abgebaut hatte, arbeitet man nun daran, die Binnengrenzen wieder aufzubauen und die Außengrenze Europas zu befestigen.

Gegenwärtig ist eine neue Verbindung von Krieg, Gewalt und Massenflucht entstanden, von der wir aktuell dramatische Bilder vor Augen haben. Die heutigen Migranten tragen die Wirklichkeit der Krisenherde und Kriege, die außerhalb Europas weiter schwelen und immer wieder explodieren, ins Herz Europas. Sie verweisen uns nachhaltig auf das, wovor wir lieber die Augen verschließen würden: unser Eingebundensein in eine Welt der Globalisierung, die von positiven wie negativen Formen der Mobilität gekennzeichnet ist. Was wir fern glaubten oder hofften, auf Distanz halten zu können, ist in unmittelbare Nähe und Nachbarschaft gerückt. Europa ist endgültig Teil der globalen Welt geworden und muss sich in dieser neu positionieren.

EUROPAS VERWANDLUNGEN

Die lange europäische Migrationsgeschichte hat viele Etappen: Nach 1945 mussten sich Deutsche mit Deutschen arrangieren, nach 1989 mussten sich Europäer mit Europäern arrangieren, heute müssen sich Europäer mit Nicht-Europäern arrangieren. Nach dem Zweiten Weltkrieg wuchsen die Nationen, nach 1989 wuchs Europa langsam zusammen, nach 2015 gilt es, diese gemeinsamen Anstrengungen unter den Bedingungen eines radikalen demografischen Wandels zu wiederholen. Europäische Länder werden zunehmend von Menschen anderer Herkunft mitbewohnt: In Deutschland hat jeder Fünfte eine migrantische Herkunft, jedes zweite Kind, das auf die Welt kommt, hat Eltern, die woanders geboren sind. Seit jedem EU-Bürger klar geworden ist, dass die Grundwerte des Zusammenlebens zur Disposition stehen, sind auch die Zeichen des Anfangs einer umfassenderen Debatte »über das Land und die Welt, in der wir leben wollen« zu erkennen. (Eilenberger) Sie erfordert ein neues Leitbild für die EU und ihre Nationen, die sich unter diesen Umständen neu erfinden und ihr Verhältnis zu Europa, der globalisierten Welt und ihren migrantischen Mitbürgern neu klären müssen.

Jetzt, wo eine neue Verwandlung Europas ansteht, ist es wichtig, sich daran zu erinnern, dass die EU selbst aus zwei Verwandlungen hervorgegangen ist:

1. aus der Verwandlung von Diktaturen in Demokratien,

2. aus der Verwandlung von ehemaligen Todfeinden in friedlich koexistierende und eng miteinander kooperierende Nachbarn.

Die Verwandlung von Diktaturen in Demokratien ist ein hohes Gut, das gerade auch den jungen Generationen in Europa eine ganz neue Kultur der Freizügigkeit, der geistigen Bewegung und des transnationalen Austauschs aufgeschlossen hat. Internet und soziale Medien stützen und verstärken diesen Trend der kulturellen Freiheit und Selbstbestimmung, der in zivilgesellschaftlichen Gruppierungen Fuß gefasst hat und nicht wieder rückgängig zu machen ist. Dasselbe gilt für die Friedensmission: Während der letzten Jahrzehnte haben wir an erschütternden Beispielen auf dem Balkan oder in Ruanda gesehen, wie schnell immer wieder das Umgekehrte passiert und aus friedlichen Nachbarn Todfeinde und Massenmörder werden.

In Europa hängen Vergangenheit und Zukunft enger zusammen als in anderen Ländern. Das liegt daran, dass durch zwei Weltkriege und die von Deutschland ausgehende Vernichtungsgewalt gegen Juden, Polen, Russen und andere Staaten Europa zum Schauplatz einer historisch beispiellosen Zerstörung geworden ist. Die Europäische Union entstand aus der Affirmation eben jener Werte, die in der Geschichte so umfassend verletzt worden sind, nämlich, um es mit Adam Michnik zu sagen: »Humanismus, Toleranz, gleiche Würde für alle Bürger, Freiheit des Individuums, Solidarität mit den Schwachen und politischer Pluralismus.«[10] Im Zentrum stehen dabei die Menschenrechte, die in die Verfassung der EU und in jene ihrer Mitgliedstaaten eingegangen sind.

Diese wichtigen historischen Errungenschaften werden aber bei der gegenwärtigen Suche nach einem neuen Leitbild Europas überstürzt vergessen. Zu hören ist vielmehr lautstarker Protest mit dem Wunsch nach Abschirmung von drängenden Weltproblemen sowie die Kampfansage an die neue Realität einer globalisierten Welt. Man diffamiert Europa als Verursacher dieses Problems und sieht die Lösung in der Abschaffung Europas. Die Logik ist klar: Wenn Europa mit seiner grenzüberwindenden Haltung diese Probleme schafft, muss es abgeschafft werden. Statt sich angesichts der neuen Herausforderungen in Protest und Abwehr von Europa abzuwenden und sich nach der Rückkehr stolzer, starker und selbstzentrierter Nationalstaaten zu sehnen, ist das Gebot der Stunde aber genau das Umgekehrte: die Stärkung Europas als eine auf humane Prinzipien gegründeten Solidargemeinschaft. Europa erlebt gerade seinen ultimativen Belastungstest: Es hat Rahmenbedingungen

10 Adam Michnik, »A European Russia or a Russian Europe«, in: Baltic Worlds IV: 1.3.2011, Södertörn University, Stockholm, 4–6; 6.

eines Lebens in Frieden und Freiheit geschaffen und ist zum Ideal und Anziehungspunkt für Flüchtlinge geworden, die diese Güter gerade verloren haben. Wenn wir ihre Hoffnungen zerstören, zerstören wir zugleich auch unsere eigenen Werte und unsere Zukunft.

EUROPAS SPALTUNG

Die EU hat in ihrer Geschichte verschiedene Mauern, Grenzen und Trennungen überwunden, aber erst die Herausforderung der Massenmigration hat alle Mitgliedsstaaten radikal gespalten. Diesmal verläuft die Grenze nicht mehr zwischen West und Ost, sondern durch die Gesellschaften hindurch, die sich mit Blick auf die ankommenden Flüchtlinge in die beiden entgegengesetzten Lager der Abwehr und der Unterstützung aufgespalten haben. Europa ist heute auf neue Weise vereint – in der Art der Spaltung, die sich überall nach ähnlichem Muster vollzieht. Sie findet auf allen Ebenen statt: in der Politik, in der Bevölkerung, in den Städten, aber auch in den Freundeskreisen, die sich zur Zeit neu sortieren. Die Flüchtlingsfrage ist zur Gretchenfrage geworden, die zu massivem Dissens, Konflikt sowie zum Abbruch von Beziehungen und Kontakten führt. Wer überzeugt war, dass Demokratien nicht durch Konsens, sondern durch Konflikt zusammengehalten werden, erlebt diesen Konflikt nun als eine Zerreißprobe. Konflikt, so war der Ökonom Albert O. Hirschman überzeugt, stimuliert Diskussionen und Debatten und vertieft dadurch Kommunikation und sozialen Zusammenhalt. Dieser Effekt stellt sich in der gegenwärtigen Situation aber nicht ein. Was vielmehr zutage tritt, ist eine tiefe Spaltung in der Bevölkerung, die zu einer Spaltung der Sprache selbst und der Handlungen geführt hat: ziviles Engagement in ganz großem Stil bei der Aufnahmehilfe auf der einen Seite und lautstarke Proteste, Drohungen und Gewaltakte gegen Fremde und ihre Unterkünfte auf der anderen Seite. Wir erleben zur Zeit beides: sowohl eine signifikante Erhöhung von Straftaten gegen Flüchtlinge und ihre Helfer, als auch eine unerwartet starke Unterstützung durch zivile Helfer. Die Mobilisierung und Polarisierung schreitet in beide Richtungen fort, und angesichts der großen Wahlerfolge anti-demokratischer Parteien ist schon von einer »Weimarisierung Europas« die Rede.[11]

Was hier gefragt ist, ist ein neuer Gesellschaftsvertrag, der die demokratischen Grundlagen festigen und die Voraussetzungen eines friedlichen zukünftigen Zusammenlebens abstützen kann. Bei diesem Gesellschaftsvertrag spielen drei Ebenen zusammen: erstens die rechtlichen Rahmenbedingungen, die von der Verfassung des Staates und seiner Rechtsordnung vorgegeben sind, zweitens die politischen Rahmenbedingungen, wie sie von den Pro-

11 Unter dem Titel »Thinking Aloud/Allowed – Against Silence: On Freedom of Expression in Europe« diskutierten am 31. Mai 2016 im Wiener Burgtheater Miklós Haraszti (Journalist & Menschenrechtsaktivist), Agnieszka Holland (Filmregisseurin & Vorstandsvorsitzende der Europäischen Filmakademie) und Claire Fox (Gründerin des Institute of Ideas und BBC-Kommentatorin) über das Recht auf freie Meinungsäußerung und Gefahren der jungen Demokratien in Zentral- und Osteuropa. Das Stichwort »Weimarisierung« kam von Miklós Haraszti.

grammen der unterschiedlichen Parteien konkretisiert werden, und drittens die gesellschaftlichen Rahmenbedingungen, die das einvernehmliche Zusammenleben der Menschen untereinander regeln. Dieser dritten Dimension, die man mit Thomas Mann das »ABC des Menschenanstands« nennen könnte, soll in diesem Buch besondere Aufmerksamkeit geschenkt werden, denn auf dieser Ebene beginnt und endet jeder Gesellschaftsvertrag.

2. WIE GEHEN WIR MITEINANDER UM?

Die Frage: Wie gehen wir miteinander um? ist eine der grundlegendsten und ältesten. Denn überall, wo Menschen zusammenleben, gibt es Konflikte und Streit. Das fängt auf dem Spielplatz an, geht weiter auf dem Schulhof und setzt sich fort im Betrieb, wo das Arbeitsklima oft durch Machtstrukturen, Ehrgeiz, Neid, Missgunst und Gewinnsucht geprägt ist. Jeder will etwas anderes und möchte es gerne durchsetzen. Ungleichheiten verstärken sich, die Wortführer bringen die anderen zum Schweigen, die Stärkeren unterdrücken die Schwächeren. Solche gruppendynamischen Prozesse stellen sich immer wieder ein, auch in der Familie unter den Geschwistern. Deshalb haben sich hier allgemeine Regeln ausgebildet, die das Recht des Stärkeren einschränken. Dazu gehört zum Beispiel eine einfache Faustregel, nach der gehandelt wird, wenn es unter den Geschwistern etwas zu verteilen gibt. Sie lautet: Der eine teilt, der andere sucht aus. Auf diese Weise sind alle zufrieden und niemand muss sich benachteiligt fühlen. Es ist immer gut, wenn nicht nur einer bestimmt. Das ist ja auch die Grundidee der Demokratie. In dieser ebenso schlichten wie genialen Regel steckt schon das wichtige Prinzip der Gewaltenteilung, das den Kern der Demokratie ausmacht und dem Rechtsstaat zugrunde liegt.

Zank, Streit und Gewalt beherrschen den Alltag, aber sie sind nicht unvermeidlich. Es gibt drei Bereiche, wo die Regeln des Zusammenlebens problemlos funktionieren. Der erste ist der Verkehr. Dieselben Regeln der Straßenverkehrsordnung gelten für alle. Die Frage: Wer hat Vorfahrt? muss nicht immer neu entschieden werden. Der Mann im dicken Mercedes muss Rücksicht nehmen auf das Kind auf dem Fahrrad, denn hier gilt nicht das Recht des Stärkeren und schon gar nicht das Recht des Schnelleren. Alle müssen dieselben Regeln einhalten und werden absolut gleich behandelt. Sonderregeln gibt es nur für den Krankenwagen und das Polizeiauto.

Der zweite Bereich, wo das Zusammenleben klar geregelt ist, ist der Sport. Im Sport sind nicht alle gleich, im Gegenteil, jeder möchte zeigen, dass er besser, schneller, stärker oder ausdauernder ist als der andere. Im Sport geht es um Leistung, aber hier gelten die Regeln der Fairness, die für alle gleich sind. Wer gegen diese Regeln verstößt, bekommt eine rote Karte und wird ausgeschlossen. Auch Doping ist ein Verstoß gegen diese Regeln und führt dazu, dass man am Ende seinen Titel wieder verliert oder den Pokal wieder abgeben muss. Beim Sport müssen sich auch die Fans an Spielregeln halten. Randalieren ist auf der Tribüne verboten. Im Sport lernt man beides: das Siegen und das Verlieren, wobei sich das Ergebnis beim nächsten Mal wieder drehen kann.

Der dritte Bereich, in dem dieselben Regeln für alle gelten, ist die Musik. Während es im Sport um Wettstreit geht, geht es in der Musik um das Zusammenspiel. Hier fragt man nicht ständig: Wer hat das schönere Instrument? Wer kann es besser als der andere? Denn in der Musik geht es nicht um das Gegeneinander, sondern um das Miteinander. Hier zählt jedes Instrument und jede einzelne Stimme. Damit das Zusammenspiel klappt, damit man im Takt bleibt und die Intonation hält, muss man nicht nur den eigenen Part beherrschen, sondern vor allem aufeinander hören.

Verkehr, Sport, Musik – das sind drei Bereiche, in denen gültige und beständige Regeln für ein gerechtes, faires und stimmiges Miteinander gefunden wurden, die keiner infrage stellt, weil sie sich bewährt haben und überall auf der Welt gültig sind. Mit anderen Worten: Diese Grundregeln sind – ohne immer wieder darüber argumentieren zu müssen – allgemein anerkannt. Wer gegen sie verstößt, kann nicht am Verkehr teilnehmen, kann nicht Sport treiben und kann auch nicht musizieren.

Im Anschluss daran stellt sich die Frage: Gibt es ähnliche einfache Regeln für das menschliche Zusammenleben? Oder gilt hier der Kampf der Starken gegen den Schwachen? Der Reichen gegen den Armen? Der Mächtigen gegen den Machtlosen?

Zank und Streit, Unrecht und Gewalt, Hass und Einschüchterungen sind menschliche Anlagen und Befindlichkeiten, die sich immer wieder einstellen und das Zusammenleben belasten. Wie kann man Gewalt und Bedrohung vermeiden und ein Klima schaffen, in dem man friedlich miteinander auskommt? Das ist keine neue Frage. Seit es Gesellschaften und Kulturen gibt, haben sich Menschen diese Frage gestellt, darüber Gedanken gemacht und auch klare Antworten gegeben. Tatsächlich steht am Anfang aller Kulturen die einfache Frage nach den Regeln des gemeinsamen Umgangs. Die Antworten und Vorschläge dazu im Archiv der Menschheitsgeschichte sind fünftausend Jahre alt. Es ist an der Zeit, sie hervorzuholen und genauer anzuschauen. Vielleicht lässt sich ja für die Gegenwart noch etwas daraus lernen?

ALTÄGYPTISCHE WEISHEIT UND IHRE REGELN DES GUTEN ZUSAMMENLEBENS

Es gibt in den alten Mittelmeerkulturen des Vorderen Orients eine Gattung von Texten, die nicht der religiösen Überlieferung, der Buchhaltung, der Analistik, der staatlichen Propaganda oder den Mythen, sondern der schönen Literatur zuzurechnen sind. Das ist die Weisheitsliteratur. In diesen Texten geht es nicht um die großen philosophischen Fragen der Menschheit: Woher kommen wir? Wohin gehen wir? Was bedeuten Zeit und Ewigkeit?, sondern um die kleinen Fragen und Probleme des alltäglichen Zusammenlebens. Die Weisheitstexte haben unterschiedliche sprachliche Formen. Das biblische Buch der Sprüche zum Beispiel besteht aus kurzen, einfachen Sätzen, in denen uraltes Erfahrungswissen gebündelt und aufbewahrt ist. In der altägyptischen Weisheitsliteratur dominiert die längere oder kürzere Maxime, die in zehn bis zwanzig Zeilen eine Regel anhand eines Fallbeispiels und einer verallgemeinernden Begründung entfaltet.[12] Die Vermittlung bewährter Lebenserfahrung in einer praktischen Regel ist das entscheidende Element weisheitlicher Literatur; es geht meist um handfeste Orientierungen zur Absicherung gegen menschliche Schwächen und zur Vermeidung naheliegender und immer wiederholter Fehler. Alle Kulturen haben solche Regeln und Sprichwörter aufgrund des in ihnen gespeicherten Wissens hoch geschätzt und, sobald sie wie in Ägypten und Mesopotamien verschriftlicht wurden, in den engen Kanon des als besonders kostbar und überlieferungspflichtig eingestuften Kulturbestands aufgenommen. Auf diese Weise sind auch Weisheitstexte in die Bibel gelangt, die mit den Weisheitstexten anderer Kulturen eine große Familienähnlichkeit aufweisen. Das ist aber genau der Punkt: Beim Thema Weisheit sind die kulturellen Unterschiede außer Kraft gesetzt. Es geht um grundständige Erfahrungen im Umgang mit menschlichen Schwächen, Lastern und Affekten. Die Grundregeln der guten Lebensführung finden sich überall; keine Gemeinschaft kann auf sie verzichten. Dieses Wissen ist über Kulturen, Räume und Zeiten hinweg verlustlos übertragbar, weil es ein universelles Wissen ist, das überall auf der Welt generiert wird. Hier ist der Unterschied zwischen *universell* und *universal* wichtig: Universell ist, was überall produziert und praktiziert wird, universal ist, was an einem Ort

12 Zur altägyptischen Weisheitsliteratur siehe Jan Assmann, Ma'at. Gerechtigkeit und Unsterblichkeit im Alten Ägypten, München, 2006, sowie ders., »Weisheit, Schrift und Literatur im Alten Ägypten«, in: Aleida Assmann (Hg.), Weisheit, München 1991, 475–500.

produziert wurde und von dem gefordert wird, dass es überall praktiziert wird.

Um das Thema zu veranschaulichen folgt hier eine kleine, nach Themen geordnete Anthologie lebenspraktischer Regeln aus altägyptischen Weisheitslehren. Die meisten Beispiele stammen aus der spätesten, erst im 3. oder 2. Jahrhundert vor Christus entstandenen Lehre des Cha-Scheschonqi, die von der traditionellen Form der »Maximen« abweicht und eine Sprichwortsammlung darstellt.[13] In der Rahmenerzählung wird diese ungewöhnliche Form näher begründet: Der Verfasser, der hier wie in allen anderen ägyptischen Lebenslehren die Rolle eines Vaters annimmt, der seinem Sohn seine Weisheit in der Art eines Testaments vermachen will, befindet sich in einem Gefängnis und hat keine Papyrusrolle zur Verfügung. Deshalb schreibt er seine Lehre auf einzelne Tonscherben, die er auf dem Boden findet. Damit erklärt sich die sprichwortartige Kürze und die lockere Anordnung der Spruchsammlung.

Wünsche und Bedürfnisse

> *Wer so dumm ist, seinen starken Wunsch nach immer Mehr nicht zu beherrschen, wird am Ende weniger haben.*
>
> (Diese Lehre hat eine deutliche Übereinstimmung mit dem Märchen »Der Fischer und seine Frau«.)

---

13 Die Lehre ist auch unter dem Namen Anch-Scheschonqi (einer veralteten Lesung) bekannt. Vgl. Joachim Friedrich Quack, Die Lehre des Chascheschonqi, in: Friedhelm Hoffmann, Joachim Friedrich Quack: Anthologie der demotischen Literatur (= Einführungen und Quellentexte zur Ägyptologie 4), Berlin 2007, 273–298 und 365–367.

Mühe dich nicht, nach Mehr zu suchen, dann behältst du, was du hast.
Es ist schöner im eigenen kleinen Haus zu wohnen als im großen Haus eines anderen.

Bei diesen Regeln geht es darum, Zufriedenheit zu erreichen, indem man Gier und Habsucht zügelt und lernt, Maß zu halten.

Such dir den richtigen Freund

Wer gerne streitet, findet keine Ruhe.
Ein Ellbogen-Mensch ist kein guter Freund.
Verbinde dich lieber mit einem aufrichtigen und gerechten Menschen, dessen Handlungen du beobachtet hast.

Hier geht es darum, nicht dem Starken nachzulaufen, sondern sich auf das eigene Urteil zu verlassen.

Regeln für Selbstbeherrschung

Eine laute Stimme schadet dem Körper wie eine Krankheit.
Der Weise wird für seine Ruhe gerühmt.
Ein unbedeutender Mann, der protzig auftritt, wird sehr verachtet.
Ein unbedeutender Mann, der bescheiden auftritt, erntet großes Lob.

Angeberei und Imponiergehabe werden geächtet, ebenso wie der Wunsch, andere zu beherrschen; Bescheidenheit und Zurückhaltung gelten als erfolgversprechend.

Regeln gegen Lügen

Hüte dich vor der Sünde des Betruges, vor Worten, die nicht wahr sind:
Bekämpfe das Falsche in dir.
Hab keine Angst, eine Sache durchzuführen, in der du im Recht bist.
Das Unrecht hat keine Zukunft, das Recht dauert.

Diesen Regeln entsprechen deutsche Sprichworte wie »Lügen haben kurze Beine« oder: »Die Sonne bringt es an den Tag«.

Fairness und Gerechtigkeit

Lindere den Schmerz des Leidenden.
Begünstige nicht den, der gut gekleidet ist,
ziehe aber auch nicht den vor, der in Lumpen geht.
Nimm kein Geschenk von einem Mächtigen an,
und sei nicht um seinetwillen ungerecht gegen einen Schwachen.
Vertreibe keinen Mann von dem Besitz seines Vaters,
und wende keine ungerechten Strafen an.

Bei diesen Regeln geht es um den verantwortlichen Gebrauch von Macht und um das friedliche Zusammenleben von Menschen von Generation zu Generation. Man soll Mitgefühl zeigen und sich für Gleichbehandlung einsetzen, außerdem gilt die Anti-Korruptionsregel und die Unabhängigkeit des Urteils.

Die praktischen Lebensweisheiten der Ägypter zielen auf Selbstbeherrschung und Bescheidenheit. Man geht in dieser Kultur von einer Ungleichverteilung von Macht und klaren Hierarchien aus. Diejenigen, die in Machtpositionen gelangt sind, haben aber auch die Verantwortung, im sozialen Raum das Prinzip Gerechtigkeit (Maat) umzusetzen, das zugleich das Prinzip der Weltordnung spiegelt. Diese Ordnung ist fragil, denn sie wird immer wieder durch Gier und Prahlerei, durch Hochmut, Schmeichelei und persönliche Bereicherung gestört.

Diejenigen, die im alten Ägypten Hieroglyphen lesen und schreiben konnten und in die Beamtenschicht aufgestiegen waren, konnten sich kostbare Gräber anlegen. In diesen reich bebilderten Gräbern gibt es neben Totenliturgien und Sonnenhymnen auch die Gattung der Idealbiografie. In diesen Texten, die sich im öffentlichen Teil des Grabes befinden und die direkt an die Besucher gerichtet sind, schauen die Grabbesitzer auf ihr Leben zurück.[14] Anders als in einem akademischen Curriculum Vitae wird jedoch nicht nur die fachliche Kompetenz und die Karriere betont, sondern vor allem auch die gute Lebensführung. In den altägyptischen Autobiografien finden wir die vorbildliche Umsetzung der Regeln aus den Weisheitslehren. Die Grabbesitzer heben hervor, dass sie diese Lehren beherzigt, niemanden übervorteilt und sich mit großem Einsatz um die Bedürftigen gekümmert haben. Der Inbegriff der Hilfebedürftigen sind die Witwen und Waisen, denn in einer patriarchalischen Gesellschaft sind Armut und Elend weiblich kodiert. Wenn der Herr des Hauses stirbt, bleiben die Frauen recht- und schutzlos zurück. Diese Ungleichheit

14 Vgl. Jan Assmann, Ma'at, 92–113.

muss durch gute Taten kompensiert werden, und wie die Texte zeigen, öffnen sich hier erhebliche Handlungsspielräume.

Ich vertrieb Unrecht und Sorge,
ich schenkte Aufmerksamkeit der Stimme der Witwe.
Ich rettete die Untergehenden und gab
Lebensunterhalt den Notleidenden.
Ich war ein Schutz des Schwachen,
der eintrat für die Witwe, wenn sie ihrer Habe
beraubt war.
Ich war ein Vater des Vaterlosen,
eine Mutter, die die Geringen rettete.
Ich war eine Amme für die Abhängigen,
der sie auf den rechten Weg gab.
Ich war ein Hirte der Armen,
der sie schützte vor allem Leid.
Ich war ein Schiffer für die Hörigen,
der sich kümmerte um ihre Angelegenheiten.
(…) Ich war der Vertraute des Besitzlosen,
der den Klagen der Armen Aufmerksamkeit schenkte.
Ich hörte dem Geringen zu und tat, was er sagte.[15]

Der folgende Text zählt nicht einfach nur die guten Taten auf, sondern betont in einer weiteren Passage obendrein auch noch ausführlich die subjektive Gefühlsdimension, die bei den guten Taten mit im Spiele ist. Im weiteren Verlauf heißt es:

15 Biografie des Anhurmose, zit. nach Jan Assmann, Ma'at, 104f.

Ich war freigiebig gegenüber dem, der nichts hatte,
und belebte den Niedergeschlagenen.
Ich weinte über einen Unglücksfall
und sorgte mich um den, der zu Boden schaute.
Ich war wach für den Notschrei der Waise
und erfüllte alle ihre Wünsche.
Ich hob das Kind auf, das von Kummer beladen war,
ich beendete sein [Leid] und wischte seine Tränen ab.
Ich ließ die Klagende ihre Trauer vergessen.[16]

Wir können feststellen, dass die Gattung der Idealbiografie viel Platz bietet zum individuellen Ausweiten und Ausmalen. Ein heutiger Leser dieser stolzen Selbstdarstellungen mag misstrauisch werden und sich fragen, wie viel davon wirklich umgesetzte Solidarität ist und wie viel davon reine Phrasen und Prahlerei sind. Das lässt sich natürlich nicht mehr nachprüfen, aber das ist auch gar nicht der entscheidende Punkt. Der entscheidende Punkt ist, dass hier ein Ethos aufgebaut wird, mit dem man sich identifiziert und mit dem man identifiziert werden möchte. Unabhängig von der Frage, ob man die guten Taten im Leben nun wirklich alle erfüllt hat oder nicht, werden diese Werte der Mitmenschlichkeit in den Biografien immer wieder bestätigt und weitertradiert. Auf diese Weise hat die Kultur einen Konsens darüber aufgebaut, der besagt, dass diese Praktiken jedem Menschen gut zu Gesicht stehen und insbesondere bei denen zu erwarten sind, die für andere Verantwortung tragen.

16 Ibd., 105.

Neben dem Schutz der Schwachen entwickelt sich in den Idealbiografien auch ein Katalog von guten Taten, die sich allmählich zu einem Kanon verfestigen. Dieser Kanon hat eine lange Geschichte, die bisher als ganze noch nicht erzählt worden ist und die ich hier nur in einer kurzen Skizze über einige Stationen vom 4. Jahrtausend vor unserer Zeitrechnung bis in die Gegenwart verfolgen möchte. Der folgende längere Textauszug stammt aus einem Grab in Giza bei Kairo aus dem 5. Jahrhundert:

Ich sprach Recht zwischen zwei Wütenden,
sodass sie zufrieden auseinander gingen.
Ich habe den Elenden errettet vor dem,
der mächtiger war als er.
Ich habe dem Hungrigen Brot gegeben
und Kleider dem Nackten,
eine Überfahrt dem Schiffbrüchigen,
einen Sarg dem, der keinen Sohn hatte,
und ein Schiff dem Schifflosen.
Ich habe meinen Vater geehrt
und wurde von meiner Mutter geliebt,
ich habe ihre Kinder aufgezogen.
So spricht er, dessen schöner Name Scheschi ist.[17]

In diesem Text tauchen Motive auf, die wir auch außerhalb Ägyptens in Texten einer späteren Epoche wiederfinden werden. Sie betreffen die Grundversorgung eines Menschen, dessen Existenz prekär geworden ist, weil sein

17 Autobiografie des Scheschi, siehe Jan Assmann, Ma'at, 100.

Unterhalt nicht mehr gewährleistet ist. Auch in den ägyptischen Idealbiografien bildet sich der Dreiklang: *Ich gab Brot dem Hungrigen, Wasser dem Dürstenden, Kleider dem Nackten* immer deutlicher heraus. Im vorliegenden Textbeispiel kommt zu diesen elementaren Versorgungsregeln noch die Überfahrt in einem Boot hinzu, was in Ägypten, das ja in seiner ganzen Länge vom Nil durchzogen ist, überhaupt erst ein Minimum an Freizügigkeit gewährleistet. Schiff und Sarg wiederum bilden eine semantische Brücke; in beiden geht es um eine Überfahrt, im einen Fall ist es das andere Ufer, im anderen Fall das Jenseits, das erreicht wird. Die Vorstellung, dass die Bestattung eines Toten, der keine Familienangehörigen hat, zu einer zentralen Mitmenschenpflicht gehört, ist ebenfalls in allen Kulturen verbreitet und scheint eine anthropologische Universalie zu sein, die uns in der langen Geschichte der Menschenpflichten wiederbegegnen wird.

Die altägyptischen Weisheitslehren lassen sich vom Alten Reich (2600 vor unserer Zeitrechnung) bis in die ägyptische Spätzeit und römische Kaiserzeit (3. Jahrhundert unserer Zeitrechnung) verfolgen, was für die beispiellose Reputation dieser Gattung spricht. Die schlichten, pragmatischen und alltagsnahen Lebensregeln waren aufgrund ihrer Prägnanz und ihres Erfahrungsgehalts auch als literarische Zeugnisse hoch geschätzt und blieben in Ägypten über dreitausend Jahre in Geltung. Der Niedergang der ägyptischen Kultur findet zeitgleich mit dem Aufkommen des Christentums statt. Schon lange bevor Konstantin es zur Staatsreligion des römischen Reiches erklärte, haben christliche Mönche und Einsiedler die ägyptische

Wüste besiedelt und das Land allmählich von den Städten aus missioniert. Das Erlöschen der einen Kultur bedeutete das Aufleuchten der anderen; das eine war die Bedingung des anderen. Aber auch hier gibt es nicht nur den totalen Bruch, sondern auch Kontinuitäten und Transformationen. Dafür ist die ägyptische Weisheitsliteratur ein gutes Beispiel, das als Kontaktstelle einen Übergang zu der nachfolgenden Kultur herstellt. Die ägyptischen Regeln des guten Lebens verlöschen, aber sie leuchten in neuem Gewand wieder auf in den christlichen »Werken der Barmherzigkeit«. Diese Formulierung findet sich bereits im 4. Jahrhundert bei Gregorius von Nazianz, der davon ausging, dass sich »die Sorge für das kommende Leben (…) in Werken der Barmherzigkeit für die Hungrigen und Obdachlosen äußern« müsse.[18] Die guten Werke im gegenwärtigen Leben wurden damit Teil der Religion, denn sie sollten eine Rücklage für das kommende Leben bilden. Wie bei den Ägyptern galt auch bei den Christen eine gute Lebensführung nicht allein als Grundlage für ein gelingendes Leben und als Voraussetzung für einen friedlichen und stabilen sozialen Zusammenhalt, sondern auch als eine Form der Rechtfertigung und der Vorsorge für ein gutes Nachleben im Jenseits. Deswegen haben die Ägypter die guten Taten ja auf ihre Grabwände geschrieben, denn sie hofften damit auf einen Freispruch im Totengericht und die Aussicht auf ein ewiges Leben.[19]

18 Gerhard Podskalsky, »Zur Symbolik des achten Tages in der griechisch-byzantinischen Theologie«, in: Günter Prinzing und Dieter Simon (Hgg.), Fest und Alltag in Byzanz, München 1990, 157–166; 160.
19 Ibd., 122–159.

DIE SIEBEN WERKE DER BARMHERZIGKEIT

Seit seinen Anfängen hat das Christentum das Gebot der Nächstenliebe, das Jesus aus der jüdischen Tradition übernommen hat, nicht nur wiederholt und proklamiert, sondern diese Nächstenliebe auch in einem detaillierten Tugendkatalog festgeschrieben. Dieser Katalog hat auch einen Namen: Es handelt sich um die „sieben Werke der Barmherzigkeit«. Die Liste umfasst verschiedene alt- und neutestamentliche Gebote, die in einer Rede Jesu in komprimierter Form zusammengestellt sind. In der sogenannten Apokalypse des Matthäusevangeliums spricht Jesus zu den Gesegneten zur Rechten und zu den Verdammten zur Linken. Michelangelo hat diese Weltgerichtsszene in der Sixtinischen Kapelle dargestellt. Der Katalog der guten Taten wird im biblischen Text buchstäblich eingehämmert, indem er gleich viermal hintereinander wiederholt wird: einmal in positiver, einmal in negativer Form und zweimal im Fragemodus. Eindrücklicher kann man einen prägnanten Inhalt nicht in eine sprachliche Form gießen. Es sind sechs Handlungen, die die Gesegneten von den Verdammten unterscheiden.

Denn ich war hungrig und ihr habt mir zu essen gegeben;
ich war durstig und ihr habt mir zu trinken gegeben;
ich war fremd und obdachlos und ihr habt mich aufgenommen;

Belehrung des Törichten

ich war nackt und ihr habt mir Kleidung gegeben;
ich war krank und ihr habt mich besucht;
ich war im Gefängnis und ihr seid zu mir gekommen.
Und der Refrain lautet jedes Mal:
Was ihr für einen meiner geringsten Brüder getan habt, das habt ihr mir getan.
(Matthäus 25,35–46)

Diese sechs Werke wurden in der Überlieferung zu sieben ergänzt und zu einem festen Katalog zusammengebunden, der in der katechetischen Literatur erlernt und durch das Mittelalter hindurch tradiert wurde. Seit dem 12. Jahrhundert hat sich dazu auch ein Bilderkanon entwickelt. Ein Beispiel dafür ist das »Stundenbuch der

Liebe« (Lo Breviari d'Amor) des Franziskaners Matfre Ermengau aus dem 13./14. Jahrhundert, in dem Wohltaten der Reihe nach aufgeführt und in vorbildlichen Szenen dargestellt sind:[20]

die Törichten ermahnen
die Hungrigen speisen, die Durstigen tränken
die Nackten kleiden
den Obdachlosen Quartier geben
die Kranken besuchen
die Gefangenen besuchen
die Toten bestatten.

Die erste gute Tat bezieht sich auf geistigen oder geistlichen Zuspruch. Das bedeutet, dass es Situationen gibt, in denen man sein überlegenes Wissen nicht für sich behalten darf. Wo es die Möglichkeit gibt, mit einem praktischen Ratschlag oder einer konstruktiven Anweisung weiterzuhelfen, soll man intervenieren und damit dem anderen die Möglichkeit geben, seine Situation zu verbessern. Den Törichten ermahnen muss nicht vorrangig als ein Missionierungsgebot verstanden werden. Statt hier an die religiöse Beeinflussung eines skeptischen oder den Glaubensfragen gegenüber bislang verschlossenen Menschen zu denken, könnte auch von der Pflicht die Rede sein, dem anderen ein Wissen zukommen zu lassen, das ihn anderweitig nicht erreicht. Den Törichten mahnen bedeutet dann ganz einfach, einem Unwissenden

20 Yates Thompson 31 British Library fol. 110v., nach: Zur Debatte. Themen der katholischen Akademie in Bayern 5/2015, 1.

durch gezielten Rat aus der Klemme zu helfen oder ihn therapeutisch oder strategisch durch das Eröffnen einer neuen Perspektive in eine bessere Position zu versetzen.

Die folgenden Werke des leiblichen Wohls umfassen temporäre Einschränkungen des Wohlbefindens. Sie betreffen die Integrität des Leibes und orientieren sich an einem gleichen Anspruch auf die Erfüllung von physischen und seelischen Grundbedürfnissen. Diese Grundbedürfnisse wurden in den Sozialwissenschaften und in den Programmen der Entwicklungshilfe der siebziger Jahre unter dem Stichwort der sogenannten »basic needs« thematisiert. »Basic needs« umschreiben das Minimum, das der Mensch an Ressourcen für seine Subsistenz braucht. Die Erfüllung dieser Voraussetzungen der physischen Existenz definiert zugleich die Armutsgrenze. Die Liste der »basic needs« umfasst Wasser, Nahrungsmittel, Kleidung und ein Dach über dem Kopf. Diese Grundbedürfnisse sind identisch mit drei Werken der Barmherzigkeit. Neuere Listen haben den Katalog ausgebaut und verlängert. Inzwischen sind auch noch Hygiene, Erziehung und Gesundheitsversorgung hinzugekommen. Das erste Werk der Barmherzigkeit, die Ermahnung des Törichten, könnte in diesem Zusammenhang in das Grundbedürfnis beziehungsweise Grundrecht auf Bildung übersetzt werden.

Menschliche Grundbedürfnisse sind universell (und nicht universalistisch): da *alle* Menschen dieselben Grundbedürfnisse haben, müssen diejenigen, bei denen sie erfüllt sind, dafür sorgen, dass sie ohne Ansehen der Person auch denen zugute kommen, die davon vorübergehend

Essen und Trinken für die Armen

abgeschnitten sind. Speise und Trank für die Durstigen, Kleidung für die Nackten und ein Dach über dem Kopf für die Schutzlosen – dieser archaisch anmutende Appell bekam in Europa 2015 mit der Ankunft der Geflüchteten eine ungeahnte neue Aktualität. Plötzlich waren die Medien voll mit diesem Thema; die Werke der Barmherzigkeit erhielten großen Aufschwung und erfuhren eine neue Bebilderung und Thematisierung auf allen Nachrichtenkanälen, in Büchern, Zeitungen und im Fernsehen bis hin zu YouTube-Videos und Internet-Blogs. Die Hilfsbereitschaft der Bevölkerung sprang umgehend an, und es ist nicht auszuschließen, dass dabei auch noch die tiefere kulturelle Prägung durch das christliche Gebot der Nächstenliebe und die sieben Werke der Barmherzigkeit

Herberge für die Fremden

eine Rolle spielte. Die moderne säkulare Gesellschaft, das sollten wir nicht unterschätzen, sitzt auf einem Sockel religiöser, kultureller und historischer Zeitschichten, die man nicht eigens kennen oder bewusst anerkennen muss, um auf verschlungenen und indirekten Wegen noch von ihnen geprägt zu sein.

Die beiden folgenden Werke betreffen nicht mehr die physischen Bedürfnisse, sondern die sozialen Bande der Menschen, die vorübergehend oder dauerhaft aus dem Sozialverbund herausfallen. Durch Krankheit und Bettlägerigkeit sind Menschen isoliert, sie können nicht (mehr) am Gesellschaftsleben teilnehmen und fallen zurück in die Einsamkeit. Der Besuch holt sie in beiden Fällen ins Leben der Gemeinschaft zurück und bestä-

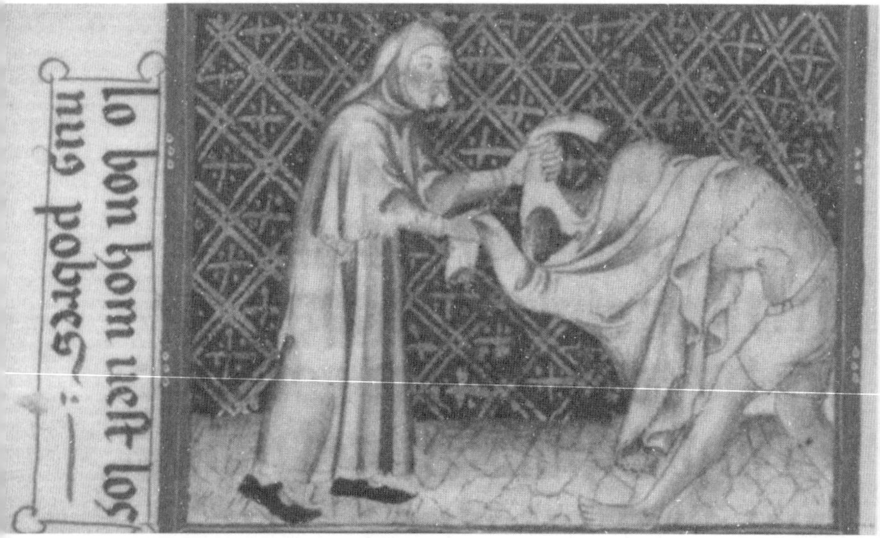

Kleidung für die Nackten

tigt ihnen, dass sie weiterhin Teil der Gruppe und des Zusammenlebens sind. Beim Betrachten dieser Bilder entstehen heute jedoch ganz andere Erwartungen und Fragen. Wenn wir Krankheit hören, denken wir nicht an Besuch, sondern wünschen uns einen kompetenten Arzt oder eine kundige Schwester ans Bett. Damit verschiebt sich sofort das Generalthema. Es heißt dann nicht mehr »Werke der Barmherzigkeit«, sondern »Menschenrechte« und richtet sich auf den Anspruch auf medizinische Versorgung. Es gibt kein Menschenrecht auf einen »Besuch am Krankenbett«, wohl aber eine Mit-Menschen-Pflicht, die gewährleistet, dass auch die seelischen Bedürfnisse der Patienten in ihrer schwierigen Lage berücksichtigt werden. Ähnliches gilt für den Besuch bei den Gefangenen.

Besuch der Kranken

Wenn man Kindern das Bild zeigt und fragt, was hier geschieht, sind sie sich sofort einig: »Die Befreiung der Gefangenen!« Von Gefangenenbesuchen haben sie noch nie gehört, aber in Filmen das Motiv der heroischen Befreiung schon unzählige Male vorgeführt bekommen. Dabei gibt es auch heute wieder aktuelle Varianten dieses Werkes der Barmherzigkeit. Einer meiner Töchter zum Beispiel wurde über die Schule die Adresse eines Schwarzen vermittelt, der in einem amerikanischen Gefängnis einsaß, wo er zum Tode verurteilt war. Mit ihm hat sie jahrelang Briefe gewechselt. Der Besuch eines Gefangenen kann einen wichtigen Teil seiner sozialen Person wiederherstellen und aufrechterhalten, er kann ihm Mut machen und in der Verengung des Raumes den Hori-

Besuch der Gefangenen

zont weiten durch neue Perspektiven oder die Hoffnung auf eine Zukunft nach der Haft erneuern. Wiederum unterscheidet sich in diesem Punkt das Menschenrecht grundlegend von der Mit-Menschen-Pflicht. Das Menschenrecht für Gefangene lautet: juristischer Beistand, erträgliche Haftbedingungen und ein faires Verfahren. Menschenrechte und Menschenpflichten machen einander also keine Konkurrenz, sondern ergänzen sich, indem sie auf unterschiedliche Grundbedürfnisse antworten.

Das letzte Werk der Barmherzigkeit dient weder dem leiblichen noch dem seelischen Wohl. Es handelt sich hier vielmehr um eine Mitmenschenpflicht, die so alt ist wie die menschliche Kultur selber. Kulturen beginnen dort, so könnte man verallgemeinern, wo Menschen andere

Bestattung der Toten

Menschen begraben. Den Verstorbenen ein würdiges Geleit und einen Abschied zu geben, ist eine primäre Aufgabe, die Menschen Menschen schulden. Es gibt ein Sonett des englischen Dichters William Wordsworth über den griechischen Dichter Simonides, den Cicero zum Pionier der römischen Mnemotechnik gemacht hat. Wordsworth erzählt eine andere Geschichte von ihm: Simonides war in einem fremden Land unterwegs und stieß auf seiner Wanderung auf einen Leichnam, den das Meer angespült hatte. Darauf unterbrach er seine Reise, ließ den Toten würdig bestatten und zahlte die Ausgaben. In der Nacht darauf erschien ihm der Geist des Toten, der ihn davor warnte, das Schiff zu nehmen, mit dem er seine Reise fortsetzen wollte. Simonides blieb zurück; das Schiff, das er angestrebt hatte, geriet in Seenot, kenterte und alle Passagiere ertranken. Als Einziger der vielen, so endet das Sonett, sei Simonides durch seine Pietät gerettet worden: »saved out of many by his piety«.[21]

Wo diese Pietät missachtet wird, wo Leichen in Massengräbern verscharrt werden oder auf Müllhaufen landen, ist diese primäre rote Linie der Kultur überschritten. Für diesen letzten Akt der Pietät und des Respekts ist jeder Mensch auf andere angewiesen. Wer dieser elementaren Pflicht des Begräbnisses nicht nachkommt, stellt basale anthropologische Grundregeln infrage. Die Folklore hat viel zu berichten von Geistern, Gespenstern und Wiedergängern, die nicht ordentlich begraben wurden und die deshalb die Gemeinschaft der Lebenden heimsuchen. Hier geht es immer in einem grundsätzlichen Sinne um »unfinished business«, womit allerdings nicht offene Rechnungen gemeint sind, sondern unerledigte Aufgaben. Diesen sehr realen Druck spüren heute noch viele Menschen auf der Welt, die nach historischen Gewaltverbrechen die sterblichen Überreste ihrer Angehörigen suchen und exhumieren, um ihnen das letzte Geleit zu geben und sie ordentlich, das heißt: nach den Regeln eines tradierten Rituals zu begraben. Eine ganz besondere Ausprägung hat dieses Werk der Barmherzigkeit in Argentinien gefunden, dem Land, in dem zwischen 1976 und 1983 dreißigtausend Menschen von der Militärjunta gekidnappt, verschleppt, eingesperrt, ermordet und zum Verschwinden gebracht wurden. Viele der Ermordeten

21 William Wordsworth, Poetical Works, hg. von Ernest de Selincourt Bd. 3, Oxford 1954, 408.

Lohn für ein wohltätiges Leben

wurden aus einem Flugzeug in den Fluss geworfen. Einige der Toten sind an einem bestimmten Ort angespült worden. Dort sammeln die Bewohner diese Toten ein und nehmen sie in Verwahrung. Wenn die Familien genug Geld beisammen haben, adoptieren sie einen der anonymen Toten, benennen ihn um, kaufen ihm ein Begräbnis und bringen ihn mit in ihrem Familiengrab unter.[22]

Das achte und letzte Bild im Stundenbuch des Matfre Ermengau zeigt den frommen Menschen, dessen Seele nach seinem eigenen Tod von Engeln in den Himmel getragen wird. Damit wird noch einmal ein deutlicher

22 Für die Information danke ich Kirsten Mahlke.

Zusammenhang zwischen den Werken der Barmherzigkeit und der Belohnung im Jenseits hergestellt. Diese guten Taten geschahen also nicht aus reiner Menschenliebe oder christlichem Mitgefühl, sondern haben noch ein Nachspiel. Wie bei Simonides in dem Gedicht von Wordsworth folgt auf die gute Tat eine Belohnung, auch wenn diese von ganz anderer Art ist. Die Werke der Barmherzigkeit machen sich in der spirituellen Währung des Seelenheils bezahlt.

Eine repräsentative Darstellung des Zyklus der Werke der Barmherzigkeit findet sich im spätgotischen Kreuzgang des von Nikolaus von Kues in seiner Geburtsstadt Kues Mitte des 15. Jahrhunderts gestifteten St.-Nikolaus-Hospitals für unbescholtene bedürftige alte Männer. Dort sind auf sieben großen Tafelbildern die guten Taten in römischen Ziffern durchnummeriert und mit lateinischen Überschriften versehen. Auf diesen Bildern sind die sieben Szenen in die raumzeitliche Gegenwart des Malers verlegt. Man sieht nicht nur die Bedürftigen, von denen jeder auf seine Weise versorgt wird, man sieht vor allem auch in der Mitte des Bildes die Wohltäter, die sich im Bild verewigen lassen. Der letzte Akt des erhofften Seelenheils wird als Lohn der guten Taten nicht mehr bildlich dargestellt, dafür ist aber die Gesamtinszenierung der Bilderfolge von Stolz und Selbstbewusstsein geprägt. Die ostentative Ausstellung der barmherzigen Taten ist hier auch eine Investition in Ruhm als eine Form weltlichen Nachlebens. Die Heilsgewissheit überstrahlt dabei die Gesichter derer, die sich gerade diesen Werken widmen.

Die Werke der Barmherzigkeit haben die Schwelle der Reformation nicht so einfach überlebt, denn sie sind zu einem Zankapfel des konfessionellen Streits geworden. Sechzig Jahre nach der Stiftung von Nicolaus Cusanus hat Luther einen Sermon »Von den guten Werken« (1520) verfasst, in dem er den Glauben ins Zentrum stellte. Besonderer Stiftungen oder eines besonderen Tugendkatalogs bedürfe es nicht, denn um selig zu werden, dafür reichten die zehn Gebote völlig aus. »Demnach müssen wir die guten Werke nach den Geboten Gottes beurteilen lernen und nicht nach dem Anschein, der Größe oder Menge der Werke an sich selber, auch nicht nach dem Gutdünken der Menschen oder menschlicher Gesetze oder Weisen.« Allein auf den Glauben komme es an, »denn alle anderen Werke kann ein Heide, Jude, Türke, Sünder auch tun. Aber darauf fest zu vertrauen, dass er Gott wohl gefalle, ist nur einem Christen möglich, den die Gnade erleuchtet und festigt.«[23] Indem Luther die »Werkgerechtigkeit« scharf verurteilte, hat er auch die alte Tradition der Werke der Barmherzigkeit untergraben. Im Tridentinum wurde zwar noch einmal die Überzeugung bestätigt, dass ein frommer Mensch sich der erhofften Gnade durch gute Werke vergewissern kann, aber der Kanon der sieben Werke der Barmherzigkeit hat deutlich an Prägekraft verloren. Er lebt heute fort in der Institution der »Caritas«. Die Annahme der Menschenrechte war Teil eines Modernisierungsschubs, den die katholische Kirche erst 1965 nach dem Zweiten Vatikanischen Konzil vollzog.

23 Martin Luther, Von den guten Werken (1520), http://martinluther-quotes.com/#Vongutenwerck

Seitdem ist es auch ihr möglich, in menschenrechtlichen Kategorien zu denken. Andererseits sollten die älteren Tugenden des Mitleids, der Fürsorge und der Empathie nicht im Namen einer Menschenrechtspolitik abgewertet oder gar außer Kraft gesetzt werden. Es gibt ein Kontinuum zwischen vormodernen und modernen Emotionen und Haltungen. Gefühle sind immer mit im Spiel. Die religiös und kulturell geprägte Grundhaltung der »christlichen Nächstenliebe« hat die Umsetzung und Einklagbarkeit der Menschenrechte vielleicht verzögert, aber sie bildet auch ein wichtiges Unterfutter für ihre Umsetzung.

EXKURS
DIE BACH-KANTATE »EIN UNGEFÄRBT GEMÜTE«: EINE MUSIKALISCHE ANLEITUNG ZUR ZIVILITÄT

Das Libretto dieser Kantate stammt von Erdmann Neumeister, der die Opernform mit Rezitativ und Dacapo-Arie in die Kirchenmusik eingeführt hat. Sie besteht aus den drei Elementen Arie, Rezitativ und Chor, die sich jeweils wiederholen.[24] So entstehen sechs Abschnitte, die durch das gemeinsame Thema der christlichen Lebensführung zusammengehalten werden.

Die erste Arie wird von einer weiblichen Stimme gesungen. Der Text besteht aus einer allgemeinen Aussage und einer darauf folgenden Anweisung:

---

24 Bach hat die Kantate 1723 für den 4. Sonntag nach Trinitatis geschrieben. Zu den Lesungen dieses Sonntags gehört Lukas 6,36–42 (»Seid barmherzig, richtet nicht!«) aus der Bergpredigt.

Ein ungefärbt Gemüte
Von deutscher Treu und Güte
Macht uns vor Gott und Menschen schön.
Der Christen Tun und Handel,
Ihr ganzer Lebenswandel
Soll auf dergleichen Fuße stehn.

Hier ist nicht von Individuum, Glauben oder religiöser Erfahrung die Rede, sondern von Verhalten und Lebensformen in immer größeren Gruppen: Deutschen, Christen und der ganzen Menschheit. Zur Religion, das ist heute ein sehr aktueller Gedanke, gehört nicht nur, dass man im Inneren mit seinem Gott im Reinen ist, sondern dass man auch nach außen hin friedlich in seiner Umwelt lebt. Das Christentum soll seine Anhänger nicht nur vor Gott, sondern auch den Menschen gegenüber »schön« machen.

Auf diesen Auftakt folgen zwei Rezitative, die diese Frage nach dem rechten Zusammenleben näher erläutern. Sie sind als Gegensatzpaar angelegt und präsentieren die christliche Verhaltenslehre unter einem positiven und einem negativen Vorzeichen: als Tugend der Redlichkeit und als Laster der Heuchelei.

Die Tugend der Redlichkeit ist so wenig verbreitet, weil sie nach Ansicht der Protestanten nicht in der Natur des Menschen angelegt und verankert ist. Anders als die Aufklärer hatten die Protestanten ein pessimistisches Menschenbild.

Denn von Natur geht unsers Herzens Dichten
Mit lauter Bösem um;
Soll's seinen Weg auf etwas Gutes richten,
So muss es Gott durch seinen Geist regieren
Und auf der Bahn der Tugend führen.

Der normale Betriebsmodus des Menschen ist das Angezogensein vom Bösen; um davon wegzukommen, bedarf es göttlicher Unterstützung und Intervention. Aber mit Gott im Reinen zu sein, genügt auch nicht:

Verlangst du Gott zum Freunde,
So mache dir den Nächsten nicht zum Feinde.

Der fromme Mensch zeigt sich in der Gesellschaft als der solidarische Mensch. Das friedliche Zusammenleben verlangt die Achtung des anderen, der nicht durch List hintergangen und durch Betrug übervorteilt werden darf. In diesem Rezitativ über Redlichkeit ist nicht die Rede von der Gottesebenbildlichkeit des Menschen, die dem Menschen seinen Wert und seine Würde verleiht. Statt einer universalen Aussage über den Menschen geht es hier aber um eine konkrete Regel für das soziale Zusammenleben:

Mach aus dir selbst ein solches Bild,
Wie du den Nächsten haben willt!

Hier wird ein wichtiger Schritt von der vertikalen zur horizontalen Beziehung vollzogen: Der Mensch ist nicht nur *Abbild Gottes,* er soll auch so leben, dass er ein *Vorbild für den Nächsten* sein kann. Es geht dabei um dieselbe Kraft, die in Lessings *Nathan der Weise* von dem geheimnisvollen Ring ausgeht, der seinen Besitzer, wenn er ihn in der rechten Zuversicht trägt, »vor Gott und Menschen angenehm« macht.

Jede Tugend wirft einen Schatten und hat als Rückseite ein ihr zugeordnetes Laster. Deshalb malt parallel zum 1. Rezitativ, das die Tugend der Redlichkeit ausmalt, das 2. Rezitativ das Laster der Heuchelei aus. Die Laster haben sich in der Fantasie des Christentums viel stärker breitgemacht als die Tugenden. Der Dualismus zwischen Gut und Böse hat sich dabei zu einem mythischen Kampf im Herzen des Menschen zugespitzt, in dem Gott und Satan um die Seele kämpfen. In einem Gedicht aus dem 17. Jahrhundert wird dieser Kampf mit einem Tennismatch verglichen:

Der Mensch ist ein Tennisplatz
Sein Leib die Wand
Die Spieler Gott und Satan
Sein Herz der Ball.[25]

Das Vorbild für das Laster der Heuchelei ist der Teufel selbst, der sich in allerlei Verstellungen in das menschliche Herz hineinschleicht, um es zu versuchen und zu Fall zu bringen. Dieser Dauerkampf von Gut und Böse,

25 Man is a tenniscourt/ His Flesh's the Wall,/ the gamsters God and Satan/ the heart's the ball. (Francis Quarles, 1592–1644)

der in der Fantasie der Christen einen großen Platz eingenommen hat, wurde durch den Protestantismus noch weiter verschärft. Während sich im Katholizismus eine große Armee von Heiligen und Helfern, angeführt von der Gottesmutter Maria, für die einzelne Seele einsetzt, ist der Protestant allein auf weiter Flur einer ebenso großen Armee gefährlicher Dämonen und Verführer ausgeliefert, die alle Verkörperungen des Teufels sind. In Bachs Kantate tritt der Teufel in der Figur des Belial auf und ist der Meister der Verstellung.

Auch heute noch gibt es einen protestantischen Vorbehalt gegen das Rollenspiel, weil es fremdbestimmt und also nicht »authentisch« ist und damit der »Selbstverwirklichung« im Wege steht. Damals verurteilte man es, weil es der strategischen Ausbeutung des anderen Tür und Tor öffnet. Man erkannte zu Recht in List, Betrug und Verstellung den Ursprung anti-sozialen Verhaltens. Die Mitmenschen werden hinters Licht geführt, weil sie, um es mit Kant zu sagen, nicht als *Zweck* anerkannt, sondern als *Mittel* für den eigenen Vorteil eingesetzt werden. Diese Erosion sozialer Solidarität ist nur der Anfang für weitere Stufen »gegenmenschlichen« Verhaltens:

Verleumden, Schmähn und Richten,
Verdammen und Vernichten
Ist überall gemein.

Die beiden Rezitative über Redlichkeit und Heuchelei rahmen den ersten Chor ein, der das ganze Thema der Kantate in einer einzigen Sentenz zusammenfasst.

Alles nun, das ihr wollet, dass euch die Leute tun sollen, das tut ihr ihnen. (Mt. 7,12)

Dieser Satz formuliert die »Goldene Regel«, die eine auf der ganzen Welt verbreitete viertausendjährige Erfahrungsweisheit zusammenfasst. Die Goldene Regel steht im Zentrum von Bachs Kantate. Diese Position unterstreicht die Bedeutung dieses einfachen Satzes, in dem biblische Frömmigkeit und weltliche Weisheit untrennbar miteinander verknüpft sind. Die Goldene Regel erscheint so als Brücke zwischen Frömmigkeit und Menschlichkeit, zwischen Religion und Aufklärung, zwischen Glaube und Vernunft. Auf diesen Grundsatz können sich alle einigen. Diese Einsicht gilt innerhalb von Gruppen und über Gruppengrenzen hinweg, deshalb verbindet sie Deutsche und Christen mit Menschen jeglicher Herkunft.

Die letzten beiden Teile der Kantate runden das Thema ab. Die zweite Arie schließt an das Hauptmotiv der Kantate an: ein ungefärbt Gemüte, das auf der Übereinstimmung von außen und innen beruht, holt den Himmel auf die Erde herunter, denn es macht uns Menschen Gott und Engeln gleich. Diese Einheit von außen und innen wird im gemeinsamen Gebet des Schlusschorals erbeten und vollzogen. Dabei geht es nicht nach Art der Griechen um einen gesunden Geist in einem gesunden Körper, sondern um eine integre Seele und ein reines Gewissen in einem gesunden Leib.

Mit diesem Schlussakkord endet die Kantate und mit ihr die Spannung von Eintracht und Zwist, von Redlichkeit und Heuchelei. Bachs Musik und seine eindrucksvolle Textvorlage bauen eine Brücke von der Bilderwelt des Barock zur Rationalität der Aufklärung; in dieser kunstvollen Komposition verschwimmen die Grenzen von christlichem Ethos und säkularer Ethik. Der Text weist voraus auf Lessings Ringparabel und auf Kants Kategorischen Imperativ, und er verankert beides zugleich in der biblischen und der protestantischen Tradition, wobei er auch an eine uralte Weisheit anknüpft. Die Kantate ist eine Form der Predigt, bei der sich jedoch die Wörter nicht türmen, sondern durch die Musik in Schwingung versetzt werden. Hier gibt es sehr viel zu hören, denn auf den Schwingen der Musik werden die Wörter nicht nur verstanden, sondern auch gezeigt, sinnlich erfahren und eindringlich gefühlt.

HUMANE TUGENDEN (SIEGFRIED KRACAUER)

Machen wir einen Sprung vom 18. ins 20. Jahrhundert. 1930 schrieb Siegfried Kracauer, Feuilletonchef der *Frankfurter Zeitung,* an seinen Freund Theodor W. Adorno: »Die Lage in Deutschland ist mehr als ernst (...) Es waltet ein Verhängnis über diesem Land und ich weiß genau, dass es nicht nur der Kapitalismus ist.« Kracauer verglich die Situation im damaligen Deutschland mit Frankreich. Sein Blick über die Grenzen zeigte ihm, »was alles bei uns zerstört ist: der primitive Anstand, die ganze gute Natur und mit ihr jedes Vertrauen der Menschen ineinander«.[26] Was Kracauer damals in Deutschland fehlte, war eine solide Verankerung demokratischer Strukturen und ein robustes soziales Gewebe, das durch respektvolle Umgangsformen geprägt ist. Für einen Juden wie Kracauer gab es einen klaren Maßstab für die Stärke dieses sozialen Gewebes, und das war der Umgang mit jenen, deren Status in der Gesellschaft prekär ist: Migranten, Fremde, Minderheiten und Asylsuchende.

In einer längeren Abhandlung, die Kracauer kurz nach dem Ersten Weltkrieg verfasste, hatte er sich bereits Gedanken über die Frage des gesellschaftlichen Zusammenhalts gemacht und nach den Voraussetzungen gefragt, die ein positives soziales Ethos fördern. In einer frühen Schrift aus dem Jahr 1919 stellte er sich die Frage: »Sind Menschenliebe, Gerechtigkeit und Duldsamkeit an eine bestimmte Staatsform geknüpft, und welche Staatsform gibt die beste Gewähr für ihre Durchführung?«[27] Er kon-

26 Theodor W. Adorno, Siegfried Kracauer, Briefwechsel 1923–1966: »Der Riß der Welt geht auch durch mich«, hg. von Wolfgang Schopf (= Adorno, Briefe und Briefwechsel Bd. 7), Frankfurt a. M. 2008.

27 »Sind Menschenliebe, Gerechtigkeit und Duldsamkeit an eine bestimmte Staatsform geknüpft, und welche Staatsform gibt die beste Gewähr für ihre Durchführung?« (1919), in: Siegfried Kracauer, Frühe Schriften aus dem Nachlass. Werke in neun Bänden, Bd. 9.2, Frankfurt a. M. 2004, 79–136. Es geht mir hier nicht darum, Kracauers verschlungene Argumentation und sein ambivalentes Verhältnis zu den humanen Tugenden nachzuzeichnen, das uns heute durch eine Anzahl obsoleter weltanschaulicher Prämissen verstellt ist: sein starker Nietzscheanischer Vitalismus, seine Spenglerische Vorstellung von Kulturkreisen im Sinne unveränderlicher kollektiver Kernidentitäten und seine Vorstellung einer historischen Dynamik von Verkrustung und Aufweichung. Besonders unakzeptabel ist für uns heute die These, dass Humanität das Anzeichen einer dekadenten Epoche vor ihrem Untergang ist. Darin drückt sich eine politisch naive Bevorzugung der

zentrierte sich dabei auf die drei »humanen Tugenden« der Menschenliebe, Gerechtigkeit und Duldsamkeit. Unter *Menschenliebe* verstand er »eine der engherzigen Selbstsucht entgegengesetzte seelische Haltung« sowie »das brüderliche Sich-Hinneigen zum anderen Menschen«, »das tiefe Mitfühlen fremden Leides und die aus diesem Mitgefühl entspringende gütige Hilfsbereitschaft«. *Gerechtigkeit* definierte er als eine Gesinnung, »die das Gegenteil eigennütziger Willkür ist« und dazu antreibt, »das Wohl aller Menschen zu verfolgen«. Als *duldsam* schließlich bezeichnete er den geöffneten Menschen, der »das ganze umfängliche Dasein erfahren und verarbeitet hat und dessen Seele weit genug ist, um sich gegen nichts Menschliches zu verschließen«.[28]

Diese Tugenden beruhen auf Emotionen, die zwar in jedem Menschen angelegt sind, jedoch auch leicht abgestellt werden können. Deshalb waren Gefühle allein für Kracauer noch keine Garantie für eine bessere Gesellschaft. Sie mussten in Institutionen münden und in dauerhafte rechtliche und politische Strukturen umgesetzt werden, »die tatsächlich einen dauernden Wandel zum Besseren herbeiführen«.[29] Einen solchen irreversib-

---

Natur vor der Kultur aus. Kracauer ist in dieser Hinsicht ein Kind seines Zeitgeists. Kracauers Frage nach der Wechselwirkung von humanem Ethos und Staatsform haben andere wieder aufgegriffen. Der Politikwissenschaftler Dolf Sternberger sah in demokratischer Sitte und geselligem Anstand den Anfangsgrund der Politik. Ähnlich argumentiert der Philosoph Avishai Margalit in »The Decent Society«, Cambridge MA 1998. Für ihn ist eine anständige Gesellschaft eine, die den Menschen nicht erniedrigt und bloßstellt.

28 Kracauer, Menschenliebe, 81–82.

29 Ibd., 93.

len Wandel zum Besseren sah er in der Abschaffung der Sklaverei und der Folter sowie in der »Öffnung der Ghettotore«, womit er die volle Integration von Minderheiten meinte. Kracauer fasste diesen Fortschritt mit folgenden Worten zusammen: »Alle derartigen verfassungsmäßigen Festlegungen ethischer Forderungen bilden das Fundament einer staatlichen Ordnung.« Das Wort »Menschenrechte« gehörte 1919 noch nicht zu seinem Vokabular. Obwohl sie eine längere Geschichte haben, sind die Menschenrechte erst nach dem Zweiten Weltkrieg wieder ins Bewusstsein getreten und in die Verfassungen aller modernen Demokratien eingegangen.

3. MENSCHENRECHTE

GENESE UND GESCHICHTE DER MENSCHENRECHTE

Wo sind die Menschenrechte erfunden worden? Auf diese Frage gibt es mehrere mögliche Antworten. Ein Weg führt in die USA, wo noch vor der Unabhängigkeitserklärung die Katholiken im Bundesstaat Maryland zum ersten Mal die Trennung von Kirche und Staat erwirken und ein (Menschen-)Recht auf freie Ausübung ihrer Religion durchsetzen konnten. In der Unabhängigkeitserklärung von 1776 wurde dieses Recht ausgeweitet mit der Begründung, dass »alle Menschen gleich geschaffen sind; dass sie von ihrem Schöpfer mit gewissen unveräußerlichen Rechten ausgestattet sind; und dass dazu Leben, Freiheit und das Streben nach Glück gehören«. In der amerikanischen Verfassung, der »Bill of Rights« (1791), wurden diese Rechte weiter ausgearbeitet. Ein anderer Weg führt zur Französischen Revolution. 1789 wurde von der Nationalversammlung »die Erklärung der Menschen- und Bürgerrechte« verkündet, auf die die neue Demokratie gegründet wurde. In diesem Fall spielte die Säkularisierung, das Gedankengut der Aufklärung sowie eine neue Gefühlskultur der Empathie eine besondere Rolle, die durch Romane und Berichte angestoßen wurde. Sie führte zu historischen Bewegungen wie dem erfolgreichen Kampf um die Abschaffung der Folter und der Sklaverei in Europa und den USA, die

Hans Joas mit Recht als Ausdruck einer neu entdeckten Würde der Person deutet.[30]

Ein weiterer Weg der Entstehung der Menschenrechte führt zur Haitianischen Revolution. 1791 begann ein Sklavenaufstand in Haiti, der 1804 damit endete, dass die frühere französische Kolonie ihre Unabhängigkeit proklamierte und zur ersten freien schwarzen Republik wurde. Zeitgenössische Kritiker/innen hatten bereits damals darauf hingewiesen, dass die Forderungen nach Freiheit und Gleichberechtigung in Frankreich zwar als allgemeine Menschenrechte proklamiert worden waren, in Wirklichkeit jedoch sehr partikular umgesetzt wurden. Sie monierten zum Beispiel, dass Frauen von diesen Rechten ausgeschlossen waren. Die Haitianische Revolution, die Gleichberechtigung auch für Schwarze einforderte, galt manchen deshalb als die bessere und konsequentere Realisierung des Anspruchs der Französischen Revolution, weil sie nicht nur Gleichberechtigung forderte, sondern diese Forderung auch umsetzte und die Sklaven aus ihrer Knechtschaft befreite.

Menschenrechte sind also mehrfach Ende des 18. Jahrhunderts deklariert, aber keineswegs auch immer konsequent umgesetzt worden. Für viele blieben sie lange Zeit eine unerfüllte Forderung und müssen deshalb immer wieder neu erkämpft werden. Zu einer neuen Erklärung der Menschenrechte kam es erst nach der Katastrophe zweier Weltkriege und der unfassbaren »Verbrechen ge-

30 Hans Joas, Die Sakralität der Person. Eine neue Genealogie der Menschenrechte, Berlin 2011. Ders., Sind die Menschenrechte westlich? München 2015.

gen die Menschlichkeit« des nationalsozialistischen Regimes, die in den Nürnberger Prozessen eine neue Form transnationaler Rechtsprechung hervorgebracht hatten. Die Verlesung dieser Erklärung der Menschenrechte, an der Veteranen des Ersten Weltkriegs maßgeblich mitformuliert haben, durch Eleanor Roosevelt im Jahr 1948, die Gründung der UNO sowie die von Raphael Lemkin eingebrachte Genozid-Konvention im selben Jahr können nicht anders als als eine moralische und rechtliche Antwort auf den Zivilisationsbruch des Holocaust und eine Prävention gegen präzedenzlose historische Verbrechen einer neuen Stufe exzessiver Gewalt verstanden werden. Deshalb sollte für die Zukunft sichergestellt werden, dass die Menschenrechtsverbrechen einer Nation, die diese selbst nicht bereit ist zu verfolgen und zu bestrafen, von einem internationalen Gerichtshof verurteilt, verfolgt und geahndet werden.

Wie Stefan-Ludwig Hoffmann feststellt, fanden diese Ereignisse zwar zeitgleich statt, waren aber weder konzeptionell noch politisch mit einander verbunden: In der Menschenrechtserklärung kam der Begriff »Genozid« nicht vor, in der Genozid-Konvention kam der Begriff »Menschenrechte« nicht vor.[31] Hannah Arendt machte gleichzeitig kein Ausrufezeichen, sondern ein großes Fragezeichen hinter die Menschenrechte, die sie nicht aus einer vagen Natur des Menschen abgeleitet wissen wollte, sondern als politische Rechte definierte, die zuallererst aus der Teilhabe an einer politischen Gemeinschaft resultie-

31 Stefan-Ludwig Hoffmann, »Human Rights and History«, in: Past and Present, August 2016, 1–32; 17.

ren. Aus dem Katalog der Menschenrechte wurde deshalb bei ihr das vorgeordnete, politisch zu verankernde Recht, Rechte zu haben.[32] Nur aus einer politischen Beteiligung heraus könne überhaupt sichergestellt werden, dass Menschen jene Freiheit und Gleichheit entfalten und leben können, von denen die Menschenrechte sprechen. Das Politische wird dabei als eine Sphäre über dem Staat angesetzt, die allerdings noch keine formale Struktur hat.

Nicht zuletzt aufgrund dieser theoretisch und praktisch ungelösten Fragen der Umsetzung beginnt die tatsächliche Anwendung und Umsetzung der Menschenrechte erst wirklich in den neunziger Jahren und beschränkt sich, wie noch zu zeigen sein wird, auf einen »lächerlich kurzen Zeitraum« (Hans Joas). Während es zum Beispiel in den fünfziger und sechziger Jahren in den USA eine starke Bewegung gab, die für die *Bürger*rechte der Schwarzen kämpfte, blieben die *Menschen*rechte, die in die Verfassungen neuer Demokratien eingingen, während des Kalten Krieges noch weitgehend folgenlos. In der bipolaren Welt wurden sie politisch instrumentalisiert, um von einem überlegenen moralischen Standpunkt aus den Gegner zu diffamieren. Der ehemalige DDR-Außenminister Oskar Fischer proklamierte zum Beispiel 1977 in der staatseigenen Presse, dass die sozialistischen Staaten längst verwirklicht hätten, was in der Allgemeinen Erklärung der Menschenrechte festgelegt wurde. Das änderte sich in den achtziger Jahren und bestätigte sich mit dem

32 Hannah Arendt, Elemente und Ursprünge totaler Herrschaft. Antisemitismus, Imperialismus, totale Herrschaft, München/Zürich 1986, 614.

Zusammenbruch der bis dahin orientierenden Ideologien wie Kommunismus oder Postkolonialismus. Als Nachfolgeinstitution für die verlorenen Ideologien boten sich die Menschenrechte als eine »letzte Utopie« (Samuel Moyn) an. An die Stelle einer Mobilisierungsrhetorik, die auf Gewalt setzte, um mit dem Mittel des Klassenkampfs eine bessere Zukunft zu verwirklichen, trat eine Rhetorik der Menschenwürde, die für die Opfer der Gewaltgeschichte eintrat und das verletzliche und bedürftige Individuum unter Schutz stellte. Tatsächlich stieg mit dem Zusammenbruch des Ostblocks der »Menschenrechtsoptimismus« schlagartig an. Man spricht deshalb nach 1989 von einer »neuen Ära der Menschenrechte«, denn nun blieb es nicht mehr, wie nach dem Zweiten Weltkrieg, bei bloßen Erklärungen, vielmehr folgten neue Formen der Umsetzung. Dazu gehört der Aufstieg von Nichtregierungsorganisationen als neue politische Akteure wie *Human Rights Watch* und *Amnesty International,* die bald auch die neuen digitalen Kommunikationswege nutzten, um Aufmerksamkeit für Menschenrechtsverletzungen in einer globalen Arena zu mobilisieren. Inzwischen sind sie Teil eines umfassenden »Menschenrechtsregimes«, das auch auf supranationaler Ebene verankert und in die »DNA« der Europäischen Union eingegangen ist.[33] Ob-

33 Martti Koskenniemi spricht von einer »ethischen Wende« in den neunziger Jahren in der Philosophie und Soziologie, sowie im Internationalen Recht und in internationaler Politik. Die regulative Idee dieser Wende waren die individuellen Menschenrechte. S. Martti Koskenniemi, »The Lady Doth Protest Too Much. Kosovo, and the Turn to Ethics in International Law«, in: The Modern Law Review, Vol. 65, No. 2 (Mar. 2002), 159–175.

wohl es inzwischen einen Internationalen Gerichtshof gibt, können Menschenrechte weiterhin nur innerhalb demokratischer Nationalstaaten durchgesetzt werden.

Der Menschenrechtsoptimismus der neunziger Jahre ist inzwischen schon wieder Geschichte. Nach dem Niedergang der Ideologien sind nicht nur die Menschenrechte wieder zur Geltung gekommen, sondern auch religiöse, nationalistische und geopolitische Orientierungen. Diese drei politischen Orientierungen haben gemeinsam, dass ihre Wertstrukturen und Interessen die Rechte der Individuen einschränken, um die des jeweiligen Kollektivs zu stärken. Die Menschenrechte sind aber nicht nur von außen durch den rapiden Demokratieabbau in autokratischen Regimen bedroht, sondern auch von innen durch ihren schlechten Ruf unter Intellektuellen.

Stefan-Ludwig Hoffmann zum Beispiel beschreibt sie mit folgenden Worten: »Die Menschenrechte sind das Mantra unserer Tage. Die damit verbundenen Gedanken und Gefühle gelten stillschweigend als selbstverständliche Wahrheiten, die keiner Rechtfertigung mehr bedürfen.«[34] Hoffmann spricht konsequent von einem »Menschenrechtsidealismus« und positioniert sich damit selbst außerhalb des Menschenrechtsprojekts. Er kritisiert den Gebrauch der individuellen Menschenrechte als einen moralischen Kompass, der einem globalen politischen Engagement jenseits des Nationalstaats Vorschub leis-

34 Stefan-Ludwig Hoffmann, »Human Rights and History«, 1. Vgl. ders., »Rückblick auf die Menschenrechte«, in: Merkur, Januar 2017, 812, 5–20.

tet.[35] In der Aufrufung der Menschenrechte sieht er einen bedenklichen Interventionismus seitens selbst ernannter Aktivisten. Er hält nichts von der Durchschlagskraft jugendlicher Protestbewegungen und kritisiert NGOs wie Amnesty International, die auf eigene Faust agieren.[36] Hoffmanns Kritik am »neuen Humanitarismus« der Menschenrechte mit seinem Fokus auf Empathie mit dem leidenden Individuum erklärt sich möglicherweise aus einer linken Orientierung. Im Engagement für die Menschenrechte sieht er den Totengräber kommunistischer Werte und ihrer mobilisierenden Kraft für Fortschritt, Zukunft, Solidarität, Gleichheit und Freiheit. Dieser Geschichtsvision steht inzwischen die Erinnerung an Gewalt und Traumata entgegen. Der konzeptionelle Rahmen dieser Erinnerung ist das Paradigma der Menschenrechte, ihr politischer Rahmen ist markiert durch die Begriffe »Demokratie« und »Zivilgesellschaft«. Diese beiden Begriffe kommen in Hoffmanns Vokabular bezeichnenderweise nicht vor.

Unter dem Eindruck der anhaltenden Bombardements syrischer Städte und der Unmöglichkeit eines politischen Abbruchs dieses Bürgerkriegs erklärte der UNO-Generalsekretär Ban Ki-moon in einem Bericht das Jahr 2016 zum »Katastrophen-Jahr für die Menschenrechte«. Die Beobachtung, dass dieses Regelwerk weltweit auf

35 Hoffmann, a.a.O., 8.

36 Hoffmann stellt in Abrede, dass die Menschenrechte in der Politik – etwa in der Wende Südafrikas zu einem demokratischen Staat – überhaupt eine Rolle gespielt hätten. (11) Stets seien es soziale, ökonomische und politische Kräfte gewesen, die eine Wende zum Besseren eingeleitet hätten.

dem Rückzug sei, veranlasste ihn aber keinesfalls zur Resignation, sondern verstärkte sein Engagement und seine Botschaft, dass man an den Menschenrechten ständig arbeiten müsse, um diesen Pfeiler der Zivilgesellschaft zu stärken.[37]

GELTUNG UND REICHWEITE DER MENSCHENRECHTE

Die Frage nach der Geltung der Menschenrechte ist ein Thema, das kontrovers diskutiert wird. Es hängt eng mit der Frage der Genese zusammen. Aus einer westlichen Perspektive betrachtet haben sie einen europäischen Ursprung. Sie reichen in die Neuzeit, ins Zeitalter der Aufklärung zurück und sind mit dem Amerikanischen Unabhängigkeitskrieg und der Französischen Revolution verbunden. In dieser Sicht haben sie einen universalen und globalen Anspruch, denn sie sind dazu bestimmt, sich überall auszubreiten und auf der ganzen Welt Anerkennung zu finden. Von postkolonialen Kritikern wird dieser universalistische Ansatz allerdings als Werte-Imperialismus bezeichnet, und es werden alternative Konzepte von Rechten und Gleichheitsbegriffen stark gemacht, die in anderen Kulturen unabhängig von europäischen Leitbegriffen wie »Nation« oder »Individuum« entstanden sind. Aus einer weiteren Perspektive, die von einer Pluralität unterschiedlicher Formen der Moderne ausgeht, wird betont, dass Konzepte der Menschenrechte

37 Vgl. HeuteMorgen vom 10.12.2016, www.srf.ch/news/international/ein-katastrophen-jahr-fuer-die-menschenrechte.

in verschiedenen Kulturen unabhängig voneinander entstanden und verankert sind, was die Möglichkeit eröffnet, zwischen diesen funktional zu übersetzen und Entsprechungen herzustellen. Historiker der Globalisierung wie Sebastian Conrad wiederum beziehen sich auf den globalen Diskurs, der um die Frage nach Menschenrechten entstanden ist, und beschreiben diese Auseinandersetzung als eine Klammer, die unterschiedliche Staaten und Kulturen miteinander verbindet.[38]

Inzwischen hat der Sozialphilosoph Hans Joas einen neuen inklusiven Vorschlag gemacht, der die Geltung der Menschenrechte auf eine neue Grundlage stellt und dabei alle bisherigen Einschränkungen und Ausgrenzungen vermeidet. Er gründet sie auf *Die Sakralität der Person.* Diese These ist zugleich auch der Titel seines Buches.[39] Damit betont er den religiösen Kern der Menschenrechte und bringt zum Ausdruck, dass es sich dabei nicht um ein rein säkulares Projekt handelt. Er geht aber auch nicht von der christlichen Vorstellung von der Gottesebenbildlichkeit des Menschen als ihrem Ursprung aus, was den Geltungsanspruch der Menschenrechte für die Mitglieder anderer Religionen wieder eingeschränkt hätte. Mit der Heiligsprechung der Person als Grundlage der Menschenrechte wird ein universalistischer Anspruch formuliert, der eine abstrakte Normendiskussion übersteigt, was ihre Akzeptanz und Geltung in unterschiedlichen historischen und kulturellen Kontexten ermöglichen soll. Der Rezensent des

---

38 Sebastian Conrad, What is Global History? Princeton 2016, 76–77.
39 Siehe Anm. 30, 65.

Buches, Christoph Möllers, macht allerdings auch darauf aufmerksam, dass Joas zwischen Menschenwürde und Menschenrechten nicht klar genug unterscheidet, was dazu führt, dass zwar die Fundierung dieser Idee eindrucksvoll gelungen, aber die komplexe Umsetzung und Praxis dabei weitgehend aus dem Blick geraten sei. Die Menschenrechte, so Möllers, »bewegen sich an einer Kreuzung von Politik, Recht, Moral, vielleicht auch Religion«.[40] Sie konkretisieren sich erst, wenn alle diese Disziplinen sowie die entsprechenden Institutionen und ihre Praxisfelder an der Umsetzung dieses Projekts beteiligt sind. Eine erhebliche Einschränkung der Geltung der Menschenrechte besteht zum Beispiel in der Tatsache, dass sie heute nur in Demokratien und ihren Zusammenschlüssen wirksam geschützt werden können.

Was gehört überhaupt zu den Menschenrechten und wie ist das Verhältnis von Bürgerrechten und Menschenrechten zu verstehen? Bürgerrechte sind nationale Rechte, Menschenrechte sind transnationale Rechte, die aber nur von demokratischen Staaten garantiert und umgesetzt werden. Die Bedeutung der Menschenrechte in der Werthierarchie eines politischen Systems wird in einer klaren Rangordnung ausgedrückt. Der moderne demokratische Verfassungsstaat stellt seiner Verfassung einen Menschenrechtskatalog voran, um zu zeigen, dass die Verfassung auf den Menschenrechten fußt. Der Staat selbst gründet wiederum auf der Verfassung. Nach dieser Rangfolge bilden die Menschenrechte den morali-

40 Christoph Möllers, »Etwas am Menschen ist heilig«, Rezension von Hans Joas, Sakralität der Person, Zeit online 13.10.2011.

schen Kern einer demokratischen Verfassung. Dieser im Inneren des Staatswesens verschlossene moralische Kern wird meist erst in der Situation akuter Verletzungen und Krisen sichtbar. Während Bürgerrechte jedem Mitglied eines Staates von Geburt an zukommen und innerhalb des Gemeinwesens durch eine Aura der Selbstverständlichkeit geschützt sind, werden Menschenrechte meist zu einem Thema, weil sie eben nicht selbstverständlich sind, sondern im Gegenteil missachtet und verletzt werden, was dazu führt, dass sie immer wieder neu eingeklagt und erkämpft werden müssen.

Um welche Rechte handelt es sich dabei? Manche sprechen von der Trias »Freiheit, Gleichheit und Teilhabe«. Andere verteilen diese Rechte auf drei Grundpfeiler: Der erste stützt Rechte, die dem Leben und der Entfaltung der Person dienen, der zweite artikuliert Formen der Freiheit, und der dritte bezieht sich auf die Dimension der politischen Mitwirkung. Diese dritte Dimension hat Christoph Möllers besonders betont: »Hannah Arendts Vermutung, dass das Fundament aller Menschenrechte die Teilhabe in einer politischen Gemeinschaft sei, hat sich auch als empirisch spektakulär richtig erwiesen.«[41] Menschenrechte verpflichten den Staat zum Schutz der Existenz von Leib und Leben der Person, ihrer Gleichheit, Integrität und Würde sowie grundlegender Freiheiten. Artikel 14 und 15 zum Beispiel handeln vom Recht, Asyl zu suchen, und vom Recht auf Staatsbürgerschaft, das auch die Grundlage der gegenwärtigen Migrations-

41 Ibd.

bewegung ist. Neue Situationen erfordern aber auch neue rechtliche Entscheidungen und Lösungen; hier tun sich problematische Lücken auf und es muss – ähnlich wie bei den Updates für den Computer – immer wieder nachgebessert werden. So hat zum Beispiel Daniel Thym nachgewiesen, dass es für Migranten zwar ein Recht auf Ankunft, aber nicht eines auf das Überschreiten von Grenzen während ihrer Reise gibt.

4. MENSCHENPFLICHTEN

Wenn wir von den Menschenrechten zu den Menschenpflichten übergehen, müssen wir zunächst die Konnotationen der Begriffe abklären. Wer hätte nicht lieber Rechte als Pflichten? Es geht hier aber nicht um Gaben einerseits und Aufgaben andererseits. Diese Gegenüberstellung führt in die Irre. Bei Menschenrechten, die um den Anspruch auf Freiheiten kreisen, einschließlich der Freiheit, anders zu sein als der Mainstream, handelt es sich nicht um Privilegien, sondern um grundlegende Bedingungen menschlicher Existenz. Ebenso wenig handelt es sich bei den Menschenpflichten, die im Folgenden zur Sprache kommen sollen, um zusätzliche Forderungen, die einem Menschen abverlangt werden. Es wird auch niemand »in die Pflicht genommen«. Es geht auch nicht ausschließlich um die Menschenpflichten, die wir uns alle dem Planeten Erde gegenüber auferlegen müssen und unseren Nachkommen schuldig sind. Damit zukünftige Generationen überhaupt noch Rechte wahrnehmen können, müssen sich ihre Vorgänger Schranken auferlegen und Selbstverpflichtungen eingehen. In diesem Punkt sind Rechte und Pflichten immer schon miteinander verkoppelt. Denn es »müssen die Rechte der kommenden Generationen gegenüber der heutigen geschützt werden. Gegenwärtige Menschenpflicht resultiert aus zukünftigem Menschenrecht.«[42]

---

42 Quentin Quencher, »Menschenrechte und Menschenpflichten«, www.huffingtonpost.de/quentin-quencher/menschenrechte-und-mensch_b_4391368.html

DER ENGE ZUSAMMENHANG VON MENSCHENRECHTEN UND MENSCHENPFLICHTEN

Wie also hat man sich das Verhältnis zwischen Menschenrechten und Menschenpflichten vorzustellen? Menschenrechte bestehen aus gesetzlich verankerten Forderungen an den Staat, die in Demokratien eingeklagt werden können. Das unterscheidet sie von Kracauers humanen Tugenden der Menschenliebe, Gerechtigkeit und Duldsamkeit, die pro-soziale Eigenschaften von Individuen beschreiben. Es gibt tatsächlich ganz unterschiedliche Menschenpflichten: dem Staat gegenüber, Gott gegenüber, der Natur gegenüber, dem Leben gegenüber. Von diesen allgemeinen Pflichten soll hier jedoch nicht die Rede sein, sondern vorwiegend von Pflichten gegenüber den Mitmenschen.

Der Erste Artikel der Menschenrechte lautet:

> *Alle Menschen sind frei und gleich an Würde und Rechten geboren. Sie sind mit Vernunft und Gewissen begabt und sollen einander im Geist der Brüderlichkeit begegnen.*

Dieser Satz formuliert ausnahmsweise kein Recht, sondern enthält eine anthropologische Beschreibung und eine daraus abgeleitete Aufforderung zur Sozialität und Mitmenschlichkeit. Während die Menschenrechte Grundrechte festhalten und Ansprüche formulieren, fixieren die Menschenpflichten Formen eines geregelten sozialen Umgangs. Der enge Zusammenhang von Menschenrechten und Menschenpflichten wird inzwischen immer öfter thematisiert, wobei die beiden Begriffe nie in ein Konkurrenzverhältnis oder gar in einen Gegensatz gebracht werden. Vielmehr wird durchgängig die komplementäre Ergänzung beider Begriffe hervorgehoben.

Als Gandhi einmal nach seiner Meinung über die Menschenrechte gefragt wurde, soll er geantwortet haben:

»Ich habe von meiner des Schreibens und Lesens unkundigen aber weisen Mutter gelernt, dass alle Rechte, die wir verdienen und bewahren, aus gut erfüllten Pflichten stammen. So erwerben wir uns das Recht zu leben erst wirklich, wenn wir unsere Pflicht als Bürger der Welt erfüllen. Aus diesem fundamentalen Satz könnte man leicht die Pflichten von Mann und Frau ableiten und jedes Menschenrecht mit einer vorgängigen Menschenpflicht verbinden. (...) Fang erst mal mit den Pflichten an und die Rechte werden dann folgen wie der Frühling auf den Winter.«[43]

Mithilfe der Weisheit seiner Mutter kehrt Gandhi das Verhältnis von Rechten und Pflichten um. Man muss mit den Pflichten beginnen, um auch Rechte in Anspruch nehmen zu können. Dahinter steht die Idee, dass Ansprüche nur aus Vorleistungen hervorgehen können. Das Ethos der Mutter ist eindeutig; zuerst muss jeder an dem Ort, an den er gestellt ist, seine Aufgaben erfüllen, der Rest ergibt sich dann von selbst. In dieser Sicht

43 Mohandas Gandhi, Brief an Julien Huxley, veröffentlicht in The Hindustan Times, 19.10.1947, Collected Works, Band 89, 346–347 (Übersetzung hier und im Weiteren, wenn nicht anders angegeben, A. A.).

werden die Rechte nicht unbedingt abgewertet, aber es werden ihnen Voraussetzungen an die Seite gestellt. Sie werden damit aus der Leere eines Ursprungs, aus der sie in der westlichen Welt in den Menschenrechtskatalogen und -erklärungen auftauchen, herausgeholt und in einen größeren sozialen Zusammenhang gestellt. Die Menschenrechte sind damit in ihrer abstrakten Normativität nicht mehr nackt, bloß, freistehend und lapidar wie die Zehn Gebote, sondern einbezogen in das dichte Gewebe sozialen Lebens, das sich Gandhis Mutter als einen unauflösbaren Zusammenhang und Kreislauf von gegenseitigem Geben und Nehmen vorstellt.

Samuel Moyn geht ebenfalls von einem engen Zusammenhang zwischen Menschenrechten und Menschenpflichten aus. Auch er betont ihre Interdependenz, wenn auch aus etwas anderen Gründen: »Wir kennen alle die Forderung, dass alle Menschen überall Rechte haben. Aber wir machen uns nicht klar, dass diese Rechte nur durch die Erfüllung von Menschenpflichten geschützt werden.« Dabei denkt er auch daran, dass sich in der Regel das vereinzelte Individuum sein Recht gar nicht verschaffen kann ohne den Beistand vieler anderer, die den Rechtsanspruch der bedürftigen Person öffentlich unterstützen. Moyn betont deshalb, dass Menschenrechte, die vom Staat garantiert sind, in der Gesellschaft von Mitmenschen eingeklagt werden müssen. Ohne diese Unterstützung anderer, die Aufmerksamkeit mobilisieren, Anerkennung zollen, Information verbreiten, Appelle formulieren und Forderungen einreichen, bleiben die individuellen Menschenrechte wirkungslos. Die politischen Rechte sind von ihrer sozialen Einbettung deshalb nicht zu trennen. Diese Einsicht hat Moyn in einem prägnanten Satz zusammengefasst: »Menschenrechte verkümmern ohne Menschenpflichten.«[44]

Tatsächlich erweist sich der radikale Individualismus, der in die Menschenrechtskataloge eingeschrieben ist, als problematisch. Diese Atomisierung des einzelnen Menschen mag die neue Norm der »Sakralität der Person« widerspiegeln, aber sie abstrahiert zugleich und lenkt ab von den sozialen Grundvoraussetzungen, in die die Menschenrechte eingebettet sein müssen, um in der Praxis erfolgreich umgesetzt werden zu können. Keiner steht nur für sich selbst. Leben bedeutet Teilhabe, eingebunden zu sein in soziale Bezüge und von Mitmenschen umgeben zu sein. Unter etwas anderen Voraussetzungen hat auch Joseph Ratzinger alias Papst Benedikt XVI. das Ineinander von Menschenrechten und Menschenpflichten betont: »Als letztes Element des Naturrechts, das in sich ein Vernunftrecht sein wollte, sind die Menschenrechte stehen geblieben. (…) Vielleicht müsste heute die Lehre von den Menschenrechten um eine Lehre von den Menschenpflichten und von den Grenzen des Menschen ergänzt werden.«[45]

---

44 Samuel Moyn, »Rights vs. Duties. Reclaiming Civic Balance«, in: Boston Review, May 16, 2016.

45 Stellungnahme Joseph Kardinal Ratzinger im Gespräch mit Jürgen Habermas, www.kath-akademie-bayern.de/tl_files/Kath_Akademie_Bayern/Veroeffentlichungen/zur_debatte/pdf/2004/2004_01_habermas.pdf.

Die Frage: »Brauchen wir einen neuen Gesellschaftsvertrag?« treibt gegenwärtig auch die verantwortlichen Politiker und Vorgesetzte verschiedener Institutionen um. Sie sehen sich in der Pflicht, auf die Spaltung in der Gesellschaft zu reagieren, die durch populistische Strömungen vorangetrieben wird, und allgemeine Orientierungen für die Integration einer großen Menge von Geflüchteten vorzugeben, die in Deutschland heimisch werden sollen. Eine prägnante Antwort auf die Grundfrage nach einem neuen Gesellschaftsvertrag sind die zehn Thesen zur deutschen Leitkultur, die der deutsche Innenminister Thomas de Maizière im Mai 2017 in die Form eines »deutschen Dekalogs« gebracht hat. Mit diesen Thesen wollte er zu einer Wiederaufnahme der Diskussion zu einer »Leitkultur für Deutschland« einladen. Dieser Vorschlag, der von den Medien aufgenommen und kurze Zeit heftig diskutiert wurde, hat gewisse Überschneidungen mit den hier vorgestellten Menschenpflichten. In de Maizières zehn Thesen sind unterschiedliche Elemente zusammengebunden, darunter auch »ungeschriebene Regeln unseres Zusammenlebens« sowie »erprobte und weiterzugebende Lebensgewohnheiten«. Werfen wir also einen genaueren Blick auf diese Thesen, um zu klären, wie sich dieser Vorschlag zu dem Konzept der Menschenpflichten verhält.[46]

Ein solcher Text wird nicht alle Tage von einem Politi-

46 Zit. nach Zeit online: www.zeit.de/politik/deutschland/2017-04/thomas-demaiziere-innenminister-leitkultur/seite-2.

ker veröffentlicht. Er liest sich ausgezeichnet, denn er ist knapp und konzise, prägnant und konkret, anschaulich und griffig formuliert.[47] Er hat Zustimmung und Ablehnung hervorgerufen, aber auch Verwirrung ausgelöst, die möglicherweise damit zusammenhing, dass in diesem Papier drei Bereiche ständig miteinander verschmelzen: ein Identitätsdiskurs, ein Verfassungsdiskurs und ein Sozialdiskurs. Der Identitätsdiskurs antwortet auf die Fragen nach dem Wir der Deutschen: Wer sind wir? Wie sind wir geworden? Wer wollen wir in Zukunft sein? Solche Fragen regen an, darüber nachzudenken, »was uns im Innersten zusammenhält«. Es geht um das, »was uns leitet, wichtig ist, Richtschnur ist«, und nicht zuletzt: was unser Land »einzigartig macht«. Positiv ist zu betonen, dass dieser Identitätsdiskurs, der auch eine klare (geo-) politische Verortung im Sinne der West-Bindung und die Verantwortung für den Staat Israel mit einschließt, sich vorwiegend auf kulturelle Praktiken und historische Beschreibungen bezieht und die Sprache kollektiver Mythen und Mystifikationen vermeidet. Allerdings wird nicht ganz klar, ob hier ein verbindlicher kollektiver Identitätsrahmen für die neue Einwanderungsgesellschaft gezimmert wird, oder ob zunächst einmal ein Selbstverständigungsdiskurs unter einheimischen Deutschen eröffnet werden soll. Ebenso unscharf bleibt die Adressierung dieser Sätze. Sprechen hier die Deutschen

47 Dass sich hier jemand große Mühe gegeben hat, sieht man etwa an These 3, die von Stolz und Leistung handelt. Das Wort »leisten« wird dabei kurz hintereinander in drei verschiedenen Bedeutungen gebraucht. Vgl. Anhang 179.

im Wir-Modus gewissermaßen vor ihrem eigenen Spiegelbild, oder handelt es sich bei dieser Rede um eine Selbstvorstellung gegenüber einer anderen Gruppe?

Der zweite Diskurs ist der Verfassungsdiskurs. Hier geht es nicht mehr um die Frage: »Was ist deutsch?«, vielmehr kommen die Grundregeln der Demokratie zur Sprache. Es ist von Menschenrechten und Menschenwürde die Rede, aber auch von Gewaltentrennung und der Priorität des Rechts vor der Religion. Auch der dritte Diskurs, der Sozialdiskurs, der hier eingebunden und mit den anderen Diskursen verschmolzen wird, hat nichts mit kultureller Differenz und exklusiver deutscher Identität zu tun. Es geht um Umgangsformen und allgemeine Fragen des sozialen Miteinanders sowie um Fragen des Respekts und der Toleranz. Durch die enge Verknüpfung der unterschiedlichen Diskurse mit der Frage der deutschen Leitkultur werden aber auch diese anderen Diskurse unter das Vorzeichen der Grundfrage nach Identität und Differenz gestellt. Anstatt hier die Möglichkeit wahrzunehmen, auch das Allgemeine und Gemeinsame zu betonen, wird von Anfang an das Trennende in den Mittelpunkt gestellt. Die Selbstvorstellung wird dabei zu einer symbolischen Grenzmarkierung, die gelegentlich polemische Töne anschlägt und sogar den Charakter einer Drohung annimmt. Aus einer höflichen Geste wird so umgehend eine Zurechtweisung, auf die ausgestreckte Hand folgt schlagartig das Vermummungsverbot und der aggressive Kampfruf: »Wir sind nicht Burka!«

Die Thesen sind, um es noch einmal zu wiederholen,

klar und griffig formuliert, aber sie haben auch Verwirrung und Missverständnisse ausgelöst, weil ihre Gebrauchsanweisung unklar bleibt. Welches »Ihr« wird hier mit dem »Wir« angeredet? Und wer wird wozu genau aufgefordert? Angenommen, die Deutschen stellen sich hier als kompaktes Kollektiv den Einwanderern vor, was ist es genau, das von Letzteren eigentlich erwartet wird: Dass sie sich die Deutschen zum Muster und Vorbild nehmen, um genauso fleißig, bildungswillig, philosophisch, aufgeklärt, musikalisch, stolz, geschichtsbewusst und heimatverbunden zu werden wie sie? Die Überschrift »Leitkultur« wird mit »Richtschnur« und »Grundorientierung« gleichgesetzt. Es ist auch von »Vorbild« und »Prägung« die Rede. Prägungen sind nachhaltige Einwirkungen, die über sehr lange Zeiträume erfolgen. Ob diese bürgerliche Leitkultur, die weder internationale Popkultur noch Subkulturen berücksichtigt, wirklich für alle Deutschen repräsentativ ist, steht hier nicht zur Debatte. Klar ist aber wohl, dass sie anderen, die neu in dieses Land kommen, um hier zu leben, nicht einfach wie ein Stempel aufgedrückt werden kann. Integration ist ja auch keine Einbahnstraße. Alle Einwanderungsgesellschaften sehen immer auch eine offene Zukunft für gegenseitige Anregungen und gemeinsame Veränderungen vor. In Kanada wendet man sich in Einbürgerungszeremonien zum Beispiel an die Neuankömmlinge mit der Erwartung: Wir hoffen auch auf euch, um neue Antworten auf unsere alten Probleme zu finden.

Die zehn Thesen beginnen und enden mit einer ausgestreckten Hand. Die Selbstvorstellung präsentiert sich damit als Teil einer Willkommenskultur. Die Selbstvorstellung, mit der diese Begrüßung einhergeht, könnte auch als eine Geste der Höflichkeit verstanden werden: Man macht dem Gegenüber verständlich, mit wem er und sie es in dem neuen Land, in dem sie angekommen sind, zu tun haben. Die Neuankömmlinge müssen sich auf ganz neue Verhältnisse einstellen. Deshalb profitieren sie davon, wenn sie diese neue Welt erklärt bekommen und ohne große Umstände erfahren, wie die Deutschen »ticken«, mit denen sie es in der Aufnahmegesellschaft zu tun bekommen. Keine Frage, ein solches kollektives Selbstporträt der Deutschen könnte für die Migranten unbedingt interessant und wichtig sein. Die Situation ist allerdings eine ganz andere, wenn dieses Selbstporträt eines idealen Deutschen als ein Prägestempel gemeint ist, mit dem eine schnelle Anpassung und Angleichung der Neuankömmlinge an die Aufnahmegesellschaft erreicht werden soll. Da stellt sich doch die Frage, wo noch Platz für Erneuerung, Veränderung, Vielfalt und eine Zukunft bleibt, die die nachwachsenden Generationen zusammen mit den neuen Einwanderern gestalten können?

Die Thesen des Innenministers hatten einen Vorlauf. 2017, im Reformationsjubiläumsjahr fünfhundert Jahre nach dem Thesenanschlag, setzte sich im Januar der aus 27 Institutionen bestehende Kulturrat zusammen, um über die Frage eines neuen Gesellschaftsvertrags nachzudenken. Nicht nur Luther, auch das Wahljahr erzeugte den Druck, von Regierungsseite einen klaren Beitrag zur Integrationsthematik zu formulieren. Bis zum 21. Mai, dem Tag der Vielfalt, sollte ein Vorschlag erarbeitet werden, mit dem sich alle einverstanden erklären konnten. Obwohl man zunächst entschieden hatte, das »verbrannte Wort Leitkultur« nicht wieder aufzunehmen, wurde das Ergebnis der intensiven Verhandlungen im Mai 2017 dann doch unter dieser Flagge veröffentlicht. Die Formulierung der Thesen stand dabei unter einem dreifachen Druck: Man wollte mit einem klaren Bekenntnis zur eigenen nationalen Identität die Sprachfähigkeit zurückgewinnen, man wollte angesichts lautstarker rechter Parolen auf eine Spaltung der Gesellschaft in fundamentalen Wertefragen reagieren, und man wollte sich in einer möglichen Konfrontation von Grundwerten zwischen Einheimischen und Zuwanderern positionieren. Die Thesen haben demnach drei Adressaten: die Deutschen selbst, das rechte Spektrum der politischen Parteien und die Zuwanderer als geschlossene Gruppe.

Obwohl die zehn Thesen zur deutschen Leitkultur ein beachtlicher, ernsthafter und mutiger Vorstoß sind, scheint es doch fraglich, ob alle gegenwärtig anstehenden Probleme und Aufgaben – das Selbstverständnis der Deutschen, die politische Abgrenzung gegen populistische Strömungen und die soziale Integration der Zuwanderer – mit diesem einen Rundumschlag angemessen beantwortet werden können. Statt die drei Ebenen miteinander zu vermischen, würde ich vorschlagen, sie klarer zu trennen. Die Aufrüstung von Kulturfragen wie Musik, Geschichte oder Bildung zu grenzmarkierenden Identitätsfragen ist in der Anfangsphase der Integration sicher zu voraussetzungsreich und erhöht eher die Barrieren, als dass sie das Einleben erleichtert. Ganz entscheidend dagegen sind die grundsätzlichen Rechtsfragen des

Verfassungsstaats, die unabhängig von Identitätsfragen deutlich (aber ohne Drohungsgebärde) kommuniziert werden sollten. Was schließlich die sozialen Umgangsformen angeht, so ist dieser Bereich sowohl von den kulturspezifischen Identitätsfragen wie von den universalistischen Verfassungsfragen zu trennen. Wenn man hier zusätzlich einen Kanon der universellen Menschenpflichten einbezieht, könnte sich für die Einwanderer aus anderen Kulturräumen ein entspannterer und barrierefreier Weg ergeben, der gerade auch das Gemeinsame und nicht – wie es die zehn Thesen tun – nur das Trennende betont.

Wenn diese Analyse richtig ist, wäre der neue Gesellschaftsvertrag ein gemeinsames Projekt, das verschiedene Ebenen mit unterschiedlichen Verbindlichkeiten umfasst und sich ebenso an die Deutschen wie an die Zuwanderer richtet. Auf der Ebene der kulturellen Identität handelt es sich vorwiegend um Lebensformen, Werte und Vorbilder, auf der Verfassungsebene um die verbindlichen Rechtsgrundsätze des Staates, darunter auch die Menschenrechte, und auf der Ebene des sozialen Kontakts handelt es sich um einen Kanon von Umgangs- und Verhaltensformen, die überall auf der Welt praktiziert wurden und heute unter dem Begriff der Menschenpflichten neu in Erinnerung gerufen und re-aktualisiert werden könnten. Das menschliche Bedürfnis nach Zugehörigkeit im Allgemeinen und der Wunsch nach Teilhabe an einer Gruppe oder einem größeren Kollektiv im Besonderen sollte nicht unterschätzt werden. Dieses Bedürfnis ist ein elementarer Teil der persönlichen Identität, weil das Individuum in dieser Erweiterung seiner selbst Schutz, Größe oder Bedeutung finden kann. Die Tendenz zur Bildung von Gruppen, zur Abgrenzung von anderen und in der Folge dann oft auch zur Abschottung und Ausgrenzung, stellt sich deshalb immer wieder von selbst ein und kann politisch leicht missbraucht werden. Was sich jedoch nie von selbst einstellt, sind die Regeln der Mitmenschlichkeit. Sie müssen immer wieder neu erlernt und von Generation zu Generation weitergegeben werden.[48] Durch ihre Betonung des Allgemeinen und Gemeinsamen sind die uralten Regeln der Menschenpflichten nicht nur eine wichtige Ergänzung zu den Menschenrechten, sondern auch ein Gegenmittel gegen die niemals abzuschaffende, wohl aber einzuhegende und zu domestizierende Entwicklung in Richtung exklusiver Gruppenbildungen.

DIE GOLDENE REGEL

Damit stellt sich die alte Frage nach den Menschenpflichten mit neuem Nachdruck. Samuel Moyn, der selbst ein wichtiges Buch über die Menschenrechte verfasst hat,[49] beklagt auf diesem Gebiet eine hartnäckige Asymmetrie:

»Es gibt inzwischen eine ganze Bibliothek über die Geschichte der Institutionalisierung der Menschenrechte

48 Einen ähnlichen Gedanken hat der Filmregisseur Edgar Reitz in einem Interview über den Begriff »Heimat« ausgesprochen. (DLF, 5.6.2017)

49 Samuel Moyn, The Last Utopia. Human Rights in History. Cambridge MA 2010.

seit der Mitte des 20. Jahrhunderts. Aber mir ist bisher kein einziges Buch bekannt über die Geschichte der Menschenpflichten, obwohl es doch sicher Vorläufer, einschließlich des Hinweises von Gandhi, für eine solche Theorie der Menschenpflichten gibt, die nicht nur auf der Ebene der eigenen Gemeinschaft des Staates, sondern auf der globalen Ebene ansetzt.«[50]

Tatsächlich gibt es kaum etwas Produktiveres in der Wissenschaft, als solche klaren Forschungslücken zu entdecken und ins Bewusstsein zu heben. Nicht unbedingt zur Schließung, aber vielleicht doch zur Verkleinerung dieser Lücke soll das vorliegende Buch einen Beitrag leisten. Es erinnert an die Bedeutung von praktischen Regeln des primitiven Anstands, des zivilen Umgangs und des friedlichen Miteinanders und zeigt die lange Genealogie der Menschenpflichten auf, die in alle Kulturen und Religionen der Welt zurückreicht, wo diese Erfahrungen des guten Zusammenlebens über Jahrtausende hinweg in mündlicher und schriftlicher Form gespeichert und weitergereicht wurden. Dieser kulturelle Wissensschatz, der unter dem Namen »Weisheit« in vielen Regionen der Welt bewahrt und wertgeschätzt wurde, ist heute zwar auf unterschiedliche Weise immer noch zugänglich, aber doch weitgehend unbekannt geblieben. Die transkulturelle Tradition der Weisheit ist von den akademischen Disziplinen bislang kaum beachtet worden, zum einen weil diese Überlieferung über viele Kulturen und Epochen verteilt ist, und zum

50 Samuel Moyn, »Rights vs. Duties«.

anderen weil zu dieser Thematik nie ein kanonischer Textbestand mit einer ausdifferenzierten und professionalisierten Vermittlungstradition aufgebaut wurde.

Offensichtlich haben die Menschenpflichten einen ganz anderen Stammbaum als die Menschenrechte, denn sie gehen weder auf markante historische Daten der Neuzeit noch auf namhafte Intellektuellendiskurse zurück. Im Gegensatz und in Ergänzung dazu haben sie aber eine fünftausendjährige Geschichte, zu der alle Kulturen und Religionen der Welt beigetragen haben. Das Überraschende an dieser alten Geschichte ist jedoch, dass sie bis in unsere Tage reicht und in ihren Ausläufern immer noch als unterschwellig weitergegebenes Wissen jedem Kind bekannt ist. Tatsächlich sind diese Regeln noch immer produktiv und werden auch weiterhin mündlich tradiert. Das zeigt ein Blick auf die Regel aller Regeln, die den Kern der Menschenpflichten ausmacht und deshalb auch »Die Goldene Regel« genannt wird:

Was du nicht willst, das man dir tu,
das füg auch keinem andern zu.

Zur Goldenen Regel gibt es einen ausführlichen Wikipedia-Artikel, der – nebenbei – zum Besten gehört, was auf dieser Plattform veröffentlicht wurde. Hinter diesem Artikel steckt eine beachtliche wissenschaftliche Studie, die es uns ermöglicht, den Kontext und den Zusammenhang dieser Formel in verschiedenen Kulturen und Religionen auf der ganzen Welt zu verfolgen und anzuerkennen. Die Goldene Regel ist also nicht nur in jedem Kopf gespeichert, das umfassende gelehrte Zusatzwissen befindet sich obendrein in Form eines Klicks in jedermanns digitaler Reichweite.

In der Bach-Kantate lautet die zentrale Sentenz, um die das Werk komponiert ist: *Alles nun, das ihr wollt, dass euch die Leute tun sollen, das tut ihr ihnen.* Diese Formulierung entspricht der Goldenen Regel in ihrer biblischen Form in der Lutherübersetzung.[51] Sie ist im Lukasevangelium und im Matthäusevangelium zu finden. In beiden Evangelien ist sie Teil einer größeren Predigt; im Matthäusevangelium ist es die berühmte Bergpredigt, die Jesus an die Jünger und das zusammenströmende Volk richtet. Diese Predigt besteht aus unterschiedlichen Redeformen wie Seligpreisungen, Gleichnisreden, Prophezeiungen und Handlungsanweisungen. Die unmittelbar vorangehenden Imperative sind als Verbote formuliert, darauf folgen Sätze, die die Zuversicht des um Hilfe und Heil Bittenden stärken, und am Schluss dieser Sequenz steht die Goldene Regel als Summe und Abschluss. Dieser Satz fasst abschließend alles Vorhergehende zusammen, was zusätzlich noch einmal bekräftigt wird durch den an- und abschließenden Satz, der auf die Goldene Regel folgt:

> *Alles nun, was ihr wollt, dass euch die Leute tun sollen, das tut ihr ihnen auch!*
> *Das ist das Gesetz und die Propheten.*

51 »Alles nun, was ihr wollt, dass euch die Leute tun sollen, das tut ihr ihnen auch! Das ist das Gesetz und die Propheten.« (Mt 7,12; LUT); »Und wie ihr wollt, dass euch die Leute tun sollen, so tut ihnen auch!« (Lk 6,31; LUT).

Die Zusammenfassung bezieht sich nicht nur auf das, was bereits gesagt wurde, sondern fasst die Essenz der ganzen Überlieferung zusammen und gibt sie in dieser komprimierten Form weiter. Gleichzeitig übersetzt die Goldene Regel auch den Inhalt der gesamten Bergpredigt in das Fassungsvermögen der einfachen Gemüter und bietet ihnen dafür eine mnemotechnisch griffige Formel an. Diesen letzten Satz kann jeder und jede mitnehmen und sich zuverlässig merken.

Die christlichen Theologen legen großen Wert auf die Unterscheidung zwischen der negativen und der positiven Formulierung dieses Grundsatzes. Sicherlich kann ein Exeget aus dieser Differenz ein gewichtiges Argument machen, mit dem er die biblische Tradition dann wieder als religiösen Sonderweg aus dem Einerlei der alten Kulturen hervorhebt und herauslöst. Man kann in diesem Fall aber auch den Weg in die Gegenrichtung gehen und auf das Verbindende und Anknüpfende dieser Regel aufmerksam machen. Die Strategie lautet dann: nicht De-kontextualisierung, sondern Re-kontextualisierung in die biblische Umwelt.

Ähnliches gilt für die Umschreibung der Goldenen Regel durch den Philosophen Immanuel Kant, der aus ihr den »Kategorischen Imperativ« gemacht hat. Kant war kein Bewunderer der Goldenen Regel. Sie war ihm zu egoistisch, strategisch und praxisnah und damit zu wenig aufklärerisch. Deshalb hat er sie auf die Höhe einer abstrakten Maxime erhoben mit einer klaren ethischen Grundlage und einem universalistischen Anspruch:

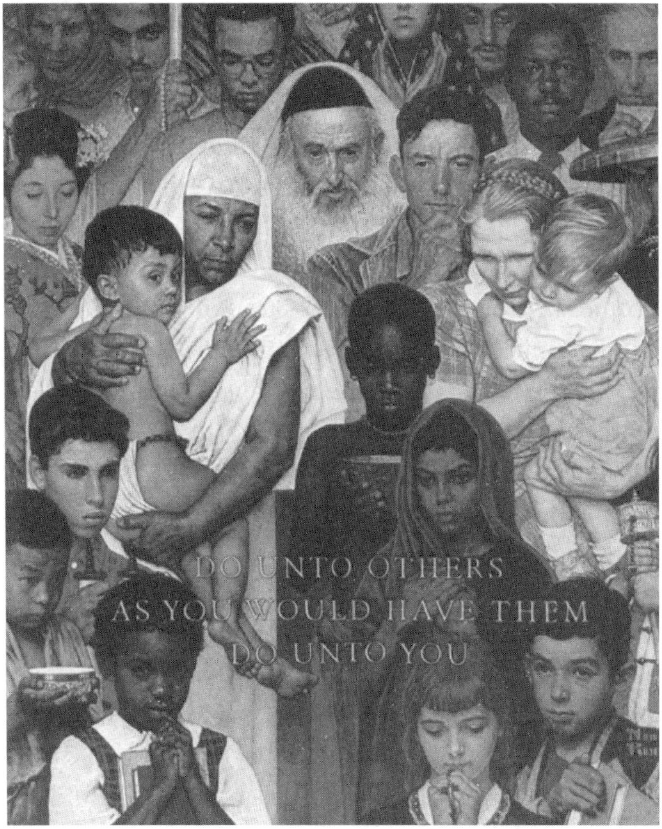

The Golden Rule, 1961. Collection Norman Rockwell

Handle nur nach derjenigen Maxime, durch die du zugleich wollen kannst, dass sie ein allgemeines Gesetz werde.

Auch hier gibt es zwei mögliche Deutungsperspektiven: Wir können die Goldene Regel als primitives Überbleibsel einer Menschheit bewerten, die auf dem Weg der

Evolution zu einer höheren Rationalität aufgestiegen ist und im Zuge dieses Fortschritts die eigene Vorgeschichte überwunden hat. Ein solcher Ansatz ist in der Modernisierungstheorie und Kognitionsforschung weit verbreitet. Wir können sie aber auch als den Schatz eines menschheitlichen Erfahrungswissens betrachten, das sich durch die verschiedenen zivilisatorischen Stadien hindurchzieht und in der Gegenwart immer noch durchscheint.

Sei's in ihrer positiven, sei's in ihrer negativen Wendung, sei es in ihrer universellen Form, sei's in der universalistischen Form des Kategorischen Imperativs, die Formel lehrt uns, dass das Schwerste auf der Welt, die Erhaltung des sozialen Friedens, eigentlich ganz einfach ist, wenn wir das Prinzip der Wechselseitigkeit menschlicher Interaktion nur ernst genug nehmen. Hegel hat dieses Prinzip auf eine noch kürzere Formel gebracht, als er schrieb: »Das Tun des einen ist das Tun des anderen.« Diese Formel ist inzwischen von der Psychotherapie wiederentdeckt worden und hat sich als ein Grundgesetz und Grundsatz menschlichen sozialen Handelns bewährt.[52] Dieses Prinzip gilt in der Privatsphäre der Familie ebenso wie im öffentlichen Raum der Politik. Die Wechselseitigkeit menschlichen Handelns und Verhaltens gilt im Guten durch gegenseitige Achtung, Respekt und Redlichkeit, wie im Bösen durch Verachtung und Gewalt. Wenn der Input schädlich ist, verdüstert sich das zwischenmenschliche Klima und es steigt die Gefahr von Missgunst, Angst, Hass und Rache. Wenn

52 G. W. F. Hegel nach Helm Stierlin, Das Tun des Einen ist das Tun des Anderen. Eine Dynamik menschlicher Beziehungen. Frankfurt a. M. 1980.

der Input positiv ist, können sich dagegen nachhaltige Beziehungen innerhalb von Gruppen und Formen der Koexistenz über deren Grenzen hinweg bilden.

DIE ALLGEMEINE ERKLÄRUNG DER MENSCHENPFLICHTEN

Es gibt, wie wir gesehen haben, sehr unterschiedliche Ausprägungen der Menschenpflichten. Im Judentum und Christentum gab es neben der Goldenen Regel auch das Gebot der Nächstenliebe. (3. Buch Mose, 19,18) Im alten Ägypten wurden die Menschenpflichten meist sozial von oben nach unten ausgeübt und sie richteten sich an die Schwachen, Armen, Fremden und Ausgegrenzten der Gesellschaft. Die Beamten legitimierten ihren Status mit einem empathischen Bekenntnis zu sozialen Tugenden, die sie in ihren Idealbiografien formulierten und auf ihren Grabwänden verewigten. Diese von der Oberschicht geforderte Fürsorge galt insbesondere den Witwen und Waisen. Es waren die Mängel eines fehlenden Sozial- und Rechtsstaats, die sehr viel Freiraum für die Ausübung humaner Tugenden schufen.[53] Später wur-

53 Jan Assmann betont in diesem Zusammenhang die innerägyptische Sicht der Dinge. Nach dieser Auffassung wurde der Staat von Gott eingerichtet, um die Armen und Schwachen vor Unterdrückung zu schützen und Recht und Gerechtigkeit auf Erden zu etablieren, vgl. Jan Assmann, Herrschaft und Heil. Politische Theologie in Altägypten, Israel und Europa, Frankfurt 2002, 204–207. (Wenn dieses Prinzip tatsächlich funktionieren würde, gäbe es heute keinen Grund, für eine andere Staatsform als die altägyptische zu votieren.)

de Mitleid zu einer spezifisch christlichen Tugend. In diesem Kontext wurden die Werke der Barmherzigkeit zu einer religiösen Pflicht. Wer den Törichten mahnte, den Armen zu essen und zu trinken gab, sie beherbergte, den Nackten kleidete, die Kranken besuchte und stärkte, die Gefangenen besuchte und die Toten bestattete, der durfte erwarten, dass seine Seele nach dem Tode von Engeln in den Himmel getragen wurde.

Nicht in jedem Menschen steckt jedoch eine Mutter Teresa. Die Fähigkeit zur Empathie ist zwar in jedem Menschen angelegt und tritt ab dem 18. Lebensmonat auch empirisch in Erscheinung, doch diese Fähigkeit muss auch kulturell unterstützt und erlernt werden, sonst läuft sie Gefahr, sich auf die bedingungslose Identifikation mit der eigenen Gruppe zu reduzieren, was Empathie mit anderen und Fremden kategorisch ausschließt. Empathie ebenso wie Respekt sind humane Tugenden, die von Menschen in allen Kulturen vom Kindesalter an erlernt und eingeübt wurden. Empathie und Respekt sind auch die Grundlage der Menschenpflichten, die die Grundlage und Voraussetzung eines friedlichen Miteinanders bilden. So wie es im Straßenverkehr Regeln für ein korrektes Verhalten oder wie es im Sport Regeln für einen fairen Umgang miteinander gibt, ist die Gesellschaft auf Regeln für ein respektvolles Miteinander angewiesen. Diese Grundregeln wurden in der Geschichte immer wieder auf standesgebundene Höflichkeitsregeln verengt oder endeten an den Grenzen von Gruppenloyalitäten. Wir reden heute vor allem deshalb so viel von Respekt und Achtung, weil gegenseitige Verachtung und Gewaltbereitschaft zunehmen. Das ist aber, wie uns schon der Textdichter der Bach-Kantate zeigt, keine gänzlich neue Erfahrung:

Verleumden, Schmähn und Richten,
Verdammen und Vernichten
Ist überall gemein.

In diesem Ton können wir heute direkt fortfahren und beklagen, dass unsere politische Kultur gelitten hat. Dissens wird auf öffentlichen Veranstaltungen immer öfter mit Schmähparolen und brachialer Gewalt als mit Argumenten ausgetragen. Das Recht zur freien Meinungsäußerung wird vermehrt als ein Recht zur hemmungslosen Beleidigung, Bloßstellung, Erniedrigung und öffentlichen Beschämung ausgelegt. Im Internet formieren sich Shitstorms und es eskalieren Skandale. Im Zeitalter globaler Medien können aus lokalen Entgleisungen umgehend gefährliche Brandherde werden. Mit anderen Worten: Was gerade verloren zu gehen droht, ist ein überparteilicher und interkultureller Konsens über die Formen mitmenschlichen Kontakts und Takts. Was Kracauer in den dreißiger Jahren feststellte, gilt auch heute: Der primitive Anstand und das Vertrauen der Menschen ineinander ist gefährdet. Auch wir müssen uns fragen: Wie kann man diesen Anstand und dieses Vertrauen wieder stärker in der Gesellschaft verankern?

Mein Überblick über die Geschichte der Menschenpflichten, die den Menschen als Menschen würdigen und anerkennen, hat gezeigt, dass sie zu einem archaischen Grundbestand der Kulturen gehören, der gänzlich in Vergessenheit geraten ist. Das stimmt aber nicht ganz. Denn als ich mich mit diesem Thema beschäftigte, entdeckte ich im Internet einen Hinweis auf »Die Allgemeine Erklärung der Menschenpflichten«, von der ich bis dahin noch nichts gehört hatte. Ich staunte nicht schlecht, dass es das, wonach ich suchte und was ich anregen wollte, bereits gab! Diese Erklärung wurde 1997 von einem Aktionskomitee auf Deutsch und Englisch aufgesetzt und von Helmut Schmidt, Franz Vranitzky, Shimon Peres und anderen Staatsmännern und -frauen unterschrieben. Die Erklärung wurde am 2. Oktober 1997 in der Wochenzeitschrift *Die Zeit* veröffentlicht.[54]

Die Erklärung ist an die »Weltöffentlichkeit« gerichtet und leistet einen ganz konkreten und praktischen Beitrag zum Problem des sozialen Friedens und des Gesellschaftsvertrags. Sie formuliert eine aktuelle Variante des Katalogs der Menschenpflichten in 19 Artikeln. Die Erklärung beginnt mit einer Präambel, die in einem ersten (viel zu langen) Satz die Anerkennung aller Mitglieder der menschlichen Familie betont, ihre innewohnende Würde bestätigt und ihre unveräußerlichen Rechte unterstreicht. »Da das exklusive Bestehen auf Rechten Konflikt, Spaltung und endlosen Streit zur Folge haben und die Vernachlässigung der Menschenpflichten zu Gesetzlosigkeit und Chaos führen kann«, werden die

54 Die Zeit vom 2.10.1997, www.zeit.de/1997/41/Allgemeine_Erklaerung_der_Menschenpflichten.

Menschenpflichten als wichtige Ergänzung und Stärkung der Menschenrechte an ihre Seite gestellt. »Da alle Menschen nach bestem Wissen und Vermögen eine Verantwortung haben, sowohl vor Ort als auch global eine bessere Gesellschaftsordnung zu fördern«, greift der Katalog der Menschenpflichten auf »von allen Kulturen und Gesellschaften beachtete Ideen, Werte und Normen« zurück, um diese auf »übereinstimmende Werte und Maßstäbe« zu gründen, »die jederzeit für alle Menschen und Institutionen gelten« sollen.

Die vier ersten Artikel behandeln »Fundamentale Prinzipien für Humanität«. Die erste Menschenpflicht ist die, dass jede Person »alle Menschen menschlich behandeln soll«. Um dies zu erläutern, wird in Artikel 4 auf die Goldene Regel zurückgegriffen:

> *Alle Menschen, begabt mit Vernunft und Gewissen, müssen im Geist der Solidarität Verantwortung übernehmen gegenüber jedem und allen, Familien und Gemeinschaften, Rassen, Nationen und Religionen: Was du nicht willst, das man dir tu, das füg auch keinem andern zu.*

Drei weitere Artikel beziehen sich auf »Gewaltlosigkeit und Achtung vor dem Leben«, vier handeln von »Gerechtigkeit und Solidarität«, vier weitere von »Wahrhaftigkeit und Toleranz« und drei von »gegenseitiger Achtung und Partnerschaft«. Der 19. Schlussartikel bekräftigt noch einmal die enge Verbindung zwischen Menschenrechten und Menschenpflichten. Die Menschenpflichten definieren einen sozialen Werterahmen, der durch praktische Handlungsanweisungen eine Haltung einübt und ein Ethos fördert, das als Bestätigung der Menschenrechte und als Präventiv gegen Menschenrechtsverletzungen verstanden werden kann.

»Bewusstsein und Akzeptanz dieser Pflichten sollen in der ganzen Welt gelehrt und gefördert werden.« Dieser Satz aus der Präambel ist bisher ein frommer Wunsch geblieben, denn die Erklärung ist zwar in der *Zeit* veröffentlicht und bei den Vereinten Nationen eingereicht worden, doch dort ist sie in einer Schublade verschwunden und in Vergessenheit geraten. Damals mag es mehrere gute oder schlechte Gründe gegeben haben, diesen »Vorschlag«, wie die Erklärung der Menschenrechte in der von Helmut Schmidt herausgegebenen Publikation im Untertitel heißt, nicht weiter zu verfolgen.[55] Einer davon mag bereits mit dem Wort »Pflichten« zusammenhängen, das für einige möglicherweise einen moralinsauren Geschmack und bevormundenden Charakter hat. Andere mögen Worte wie »Menschheit« oder »menschlich« als fade oder abstrakte Humanitätsduselei abtun. Wieder andere könnten an diesem Konzept kritisieren, dass die Menschenpflichten keinen eindeutigen rechtlichen Status haben und ihr verpflichtender Gehalt nicht durch Sanktionen abgestützt werden kann.

In der aktuellen Situation, in der es darum geht, die tiefe Spaltung in der Gesellschaft zu überwinden und neue Einwanderer zu integrieren, wird jedoch niemand mehr daran zweifeln, dass wir eine solche allgemeine

55 Helmut Schmidt (Hg.), Allgemeine Erklärung der Menschenpflichten. Ein Vorschlag, München 1998.

Verhandlungsgrundlage und Orientierungshilfe für einen mitmenschlichen Umgang im öffentlichen Raum dringend brauchen. Die Menschenpflichten sind, wie wiederholt betont wurde, nicht als eine Konkurrenz für die Menschenrechte zu verstehen, sondern als deren notwendige Ergänzung und praktische Grundlage. Während die Menschenrechte ihrem Anspruch nach *universal* sind, sind die Menschenpflichten *universell*, das heißt: Sie wurden und werden überall auf der Welt entdeckt, geschätzt und praktiziert. Anders als die Menschenrechte, die juristisch verbindliche Ansprüche formulieren und als vorangestellter Katalog in die demokratischen Verfassungen eingegangen sind, formulieren die Menschenpflichten so etwas wie eine »Hausordnung« oder einen Gesellschaftsvertrag, der darauf angelegt ist, in Familien, Schulen, Vereinen und allen Institutionen als eine gemeinsame Werteordnung bekannt gemacht, vermittelt, internalisiert und im Alltag praktiziert zu werden. In diesem Sinne verlangen sie zugleich weniger und mehr als die zehn Thesen zur deutschen Leitkultur, denn sie unterlaufen das, was Kulturen, Religionen und Nationen trennt und setzen wie die Goldene Regel auf das allgemein Verständliche, Erreichbare und Gemeinsame. Da trifft es sich gut, dass der InterAction Council eine Neuauflage der Erklärung in vierzig Sprachen veröffentlicht hat.[56] Wie gut, dass es die Menschenpflichten schon

56 InterAction Council, Verantwortung. Die Allgemeine Erklärung der Menschenpflichten des InterAction Council in 40 Sprachen, Sinsheim 2017. In diesem sehr besonderen Buch wird ein Gefühl für Gleichwertigkeit, friedvolles Miteinander und die Zusammengehörigkeit

gibt – wir müssen sie gar nicht neu erfinden, sondern brauchen sie nur wiederzuentdecken und umzusetzen!

aller Kulturen symbolisch dadurch ausgedrückt, dass die verschiedenen Sprachen nicht abstrakt in alphabetischer Reihenfolge aufgelistet, sondern auf anschauliche Weise in Abbildung ihrer geografischen Nachbarschaft angeordnet sind.

ZWEITER TEIL
SCHLÜSSELBEGRIFFE FÜR EINE HUMANE GESELLSCHAFT

1. ZUR GESCHICHTE DER HÖFLICHKEIT

1969 veröffentlichte Norbert Elias, Mitglied der Frankfurter Schule und Remigrant, seine großartige historische Studie *Über den Prozeß der Zivilisation.*[57] Das Buch hatte er bereits 1939 geschrieben, konnte es aber angesichts der unzivilen Zeiten im NS-Regime nicht mehr veröffentlichen. Im ersten Teil seines Werkes geht er auf die Veränderung der Persönlichkeitsstruktur durch neue Praktiken der »Verhöflichung« vom Mittelalter bis in die Moderne ein, im zweiten Teil ergänzt er diese Perspektive durch eine soziologische Untersuchung jener historischen Kontexte und Gesellschaftsstrukturen, in die diese Veränderungen eingebettet waren. Das Narrativ, das Elias zur Grundlage seiner Darstellung machte, war, wie in den sechziger Jahren üblich, das Narrativ einer Fortschrittsgeschichte. Er rekonstruierte Entwicklungen zunehmender Rationalisierung und Diffe-

57 Norbert Elias, Über den Prozeß der Zivilisation, 2 Bände, Frankfurt a. M. 1969. Norbert Elias war Schüler von Karl Mannheim, der seit 1929 an der Universität Frankfurt den Lehrstuhl für Soziologie und Nationalökonomie innehatte. Er gehörte damit zu einer anderen, vergessenen Frankfurter Schule als der der bekannten Kritischen Theorie. Ihre Geschichte hat Peter Ludes dankenswerterweise wieder in die Erinnerung zurückgebracht: Peter Ludes, »Die vertriebene Frankfurter Schule der Soziologie«, in: Markus Behmer et al. (Hgg.), Medienentwicklung und gesellschaftlicher Wandel, Wiesbaden, 2003, 209ff.

renzierung, der Verlängerung von Handlungsketten und wachsender Planungssicherheit, und der Verwandlung von Fremdzwängen in Selbstzwänge. Heute haben wir mit diesem Muster einer Entwicklung zum immer Komplexeren, Differenzierteren und Besseren unsere Schwierigkeiten. Aber wir können schon gar nicht mehr nachvollziehen, dass Elias den Prozess der Zivilisation erzählt, anstatt der Zivilisation selbst den Prozess zu machen. Das hat erst über zwei Jahrzehnte später Zygmunt Bauman in seinem Buch über den Holocaust und die Moderne getan.[58] Elias, dessen Eltern in Auschwitz ermordet wurden, hat nicht, wie man erwarten könnte, den »Zivilisationsbruch« ins Zentrum seiner Geschichtsdeutung gestellt, sondern Formen der Selbstdisziplinierung und der Kultivierung von Sozialität und mitmenschlichem Umgang. Der Begriff des Zivilisationsbruchs geht auf Dan Diner zurück, der ihn in den achtziger Jahren prägte. Bereits 1951 hatte Hannah Arendt in ihrem Buch über die Ursprünge des Totalitarismus eine welthistorische Wende konstatiert und angesichts der Schrecken des Zweiten Weltkriegs und des Holocaust von einem Tiefpunkt der Geschichte gesprochen, an dem »alle Hoffnungen gestorben sind«. Nachdem wir »die wahrhaft radikale Natur des Bösen« kennengelernt haben, so Arendt, sei die Grundstruktur aller Zivilisation zerbrochen.[59]

Die Erfahrung des Zivilisationsbruchs stellt aber keineswegs die Geschichte der Selbst-Domestizierung und Zivilisierung des Menschen infrage, sondern macht ihre

58 Zygmunt Bauman, Dialektik der Ordnung. Die Moderne und der Holocaust. Aus dem Englischen übersetzt von Uwe Ahrens, Hamburg 1992.

59 Hannah Arendt, The Origins of Totalitarism, New York 1951, viii, ix.

Erforschung nur umso dringlicher. Diese Zivilisierungsgeschichte können wir heute jedoch nicht mehr als einen auf Evolution und Fortschritt angelegten Prozess voraussetzen, sondern müssen ihn vielmehr als ein prekäres Projekt verstehen, das von Generation zu Generation weiterzugeben, neu zu erlernen und immer neu gegen Widerstände umzusetzen ist. Anders als in der Geschichte von Ideen gibt es in der Geschichte von Praktiken keine zuverlässigen Kontinuitäten. In dankbarer Referenz auf Norbert Elias soll diese Geschichte der Zivilisierung hier noch einmal an einigen Beispielen, diesmal aus dem englischen Sprachraum, rekonstruiert werden, um dabei zugleich an die wechselnden Grundbegriffe dieser Geschichte zu erinnern. So wie die Historiker und Sozialhistoriker aus den Quellen heraus argumentieren, die sie im Archiv finden, argumentiert die Literaturwissenschaftlerin aus Texten, die sie in der Bibliothek findet. Wie bereits bei Elias handelt es sich dabei aber nicht um philosophische oder fiktionale Texte, sondern um konkrete Verhaltenslehren, die ihren Leserinnen und Lesern wichtige Ratschläge mit auf den Weg geben, wie man es in der schwierigen Kunst der Höflichkeit weiterbringen kann.

Im deutschen Wort Höflichkeit ist das Wort »Hof« enthalten. Es erinnert uns daran, dass diese Tugend, die im 18. und 19. Jahrhundert verbürgerlicht und universalisiert wurde, ursprünglich in einem sehr spezifischen sozialen Umfeld, nämlich an den europäischen Fürstenhöfen entstanden ist. In der langen Geschichte dieses Begriffs ist Höflichkeit mehrmals neu erfunden und dabei stark von den sozialen Milieus geprägt worden, für die dieser Begriff bestimmt war. Diese Geschichte lässt sich in drei Phasen gliedern. Die ersten Metamorphosen von Höflichkeit beziehen sich auf den mittelalterlichen und frühneuzeitlichen Hof, ein gegenüber der Außenwelt abgeschlossenes soziales Aktionsfeld mit klaren Verhaltensregeln, die den Verkehr zwischen dem Fürsten und seinen Gefolgsleuten steuern. Auf diese erste Phase, in der die Künstlichkeit des höfischen Systems im Zentrum stand, sei es in Form einer übersteigerten Liebes- und Unterwerfungssemantik gegenüber einer angebeteten Dame, sei es in Form einer strategischen Verstellung der Höflinge untereinander im Wettbewerb um die Gunst des Fürsten, werde ich hier nicht eingehen.[60]

Ich beginne meine Geschichte des Höflichkeitsbegriffs mit seiner Erweiterung von höfischen Praktiken zu allgemeineren Formen der Geselligkeit im 16. Jahrhundert, wie sie sich in den oberitalienischen Stadtstaaten ausbildeten und von einer aristokratischen und humanistisch gebildeten Schicht praktiziert wurden. Die Bühne dieser Geselligkeit ist nicht mehr der abgeschlossene Hof, sondern die Stadt, in der die anonyme Begegnung mit fremden Menschen unvermeidlich ist. Der zweite Abschnitt meiner kurzen Geschichte der

60 Die Liebessemantik der Courtoisie lebt in den »ritterlichen« Höflichkeitsformen zwischen den Geschlechtern weiter. Die schönste Ausprägung und Inversion dieses Ideals von weiblicher Herrschaft und männlicher Unterwerfung hat Shakespeare in seinem Stück *Der Sturm* zwischen Miranda und Ferdinand inszeniert. Miranda, die in diese Form der Höflichkeit auf der einsamen Insel nicht hineinsozialisiert wurde, spielt das Spiel mit verkehrten Rollen. Das strategische Spiel der Höflichkeit im Stile des Cortegiano lebt in den von Helmut Lethen so genannten »Verhaltenslehren der Kälte« nach. Vgl. Aleida Assmann, »Maske – Schweigen – Geheimnis«, in: Gisela Engel, Brita Rang, Klaus Reichert und Heide Wunder (Hgg.), Das Geheimnis am Beginn der europäischen Moderne. Frankfurt a. M. 2002, 43–61.

Höflichkeit führt uns in die Großstadt London, die sich um 1700 als Zentrum des Welthandels etabliert und zur Bühne eines neuen Höflichkeitsmodells wird, das den Schwerpunkt von Geselligkeit in Richtung Gesellschaftlichkeit verschiebt. Sozialität wird dann nicht mehr mit dem Begriff der Höflichkeit diskutiert, sondern unter dem Begriff der »Zivilität«. Die folgenden Kapitel sollen damit ein Schlaglicht auf den Strukturwandel der Höflichkeit vom 16. zum 18. Jahrhundert werfen. In diesem Zeitraum verändert sich das Konzept von Sozialität, indem es sich von einem auf die Regeln der Interaktion gegründeten Begriff von »Geselligkeit« hin zu einem Modell generalisierter Kommunikation in einer abstrakten »Gesellschaft« entwickelt. Da es sich bei Fragen der Höflichkeit aber nicht vorrangig um Konzepte und Ideen, sondern vor allem um soziale Praktiken zur Herstellung von Sozialität handelt, halte ich mich bei meiner Darstellung der historischen Stufen an Textquellen, die als Einübung in höfliches Verhalten gedacht sind und konkrete Handlungsanweisungen zum Inhalt haben.

Eines haben alle Höflichkeitstexte miteinander gemeinsam: Sie singen das hohe Lied der Vergemeinschaftung. Daraus folgt logischerweise die Verwerfung und Verneinung der Einsamkeit als einer legitimen menschlichen Existenzform. Deshalb muss ich der Darstellung der beiden Höflichkeitsformen ein kleines Kapitel über die Gefahren oder Hybris der Einsamkeit voranstellen, denn alle Varianten der Höflichkeit basieren auf einer Anthropologie der Sozialität.

EINSAMKEIT ODER GESELLIGKEIT? DIE ANTHROPOLOGIE DER SOZIALITÄT

Aristoteles hat den Menschen bekanntlich als »zoon politicon«, und das bedeutet: als ein soziales, auf Gemeinschaft angelegtes und Gemeinschaft bildendes Lebewesen definiert. Seinen Essay *Über die Freundschaft* beginnt Francis Bacon mit einem direkten Bezug auf diesen Satz des Aristoteles: »Wer die Einsamkeit vorzieht, ist entweder ein wildes Tier oder ein Gott.«[61] Mit dieser Formulierung ist er aber nicht einverstanden, denn er spricht dem Einsamen, den auch er mit einem wilden Tier vergleicht, jegliche überhöhende Qualität ab. Interessant an dem Satz des Aristoteles ist jedoch, dass er die Grundbestimmung des Menschen in zwei Richtungen abgrenzt. Ob die Überschreitung nach oben oder nach unten erfolgt, mit beiden Grenzen wird das spezifisch Humane verlassen, das in der Beziehung zum Mitmenschen besteht. Da der Mensch auf diesen Mitmenschen angelegt und angewiesen ist, ist Einsamkeit das Andere des Humanen. Es liegt jenseits der Grenzen des dem Menschen Natürlichen und Zugemessenen. Das Wesen des Menschen, das Humanum, liegt in der Mitte, eingepasst zwischen zwei Konstruktionen des Nicht-Menschlichen.[62]

Natürlich kann auch ein wildes Tier nicht alleine le-

61 Francis Bacon, »Of Friendship«, Essay 27 (1625), in: Francis Bacon's Essays, London 1968, 80–86; 80.

62 Aleida und Jan Assmann (Hgg.), Einsamkeit, München 2000. Zum Tier als Norm und Vorbild für den Menschen vgl. Benjamin Bühler, Stefan Rieger, Vom Übertier. Ein Bestiarium des Wissens, Frankfurt a. M. 2006.

ben oder überleben, es muss sich ja zumindest auch reproduzieren. In Bacons Anthropologie geht es aber um Wertsetzungen und weniger um Wesensaussagen. Bacon beginnt mit diesem Satz, um deutlich zu machen, dass die humane Mitte stets prekär ist. Durch Hochmut zum Beispiel kann man überheblich werden und degenerieren. Das abschreckende Beispiel eines hochmütigen Einsamen hat Shakespeare in der Tragödie *Coriolanus* vorgeführt. Die Titelfigur ist ein Kriegsheld, der sich aus Eigensinn und Eitelkeit gegen sein eigenes Volk wendet. Er vergisst seine Grundloyalitäten und wechselt bedenkenlos die politischen Fronten. Es bedarf der eindringlichen Worte seiner Mutter, um ihn an diese primären menschlichen Beziehungen und Bindungen zu erinnern. Dass Menschen ihre Humanität in einer erzwungenen Einsamkeit verlieren, wissen wir auch von empirischen Fallgeschichten wie der vom Wolfsjungen, der keine Sprache entwickelte, oder von Alexander Selkirk, dem Vorbild für Robinson Crusoe, der vier Jahre auf einer karibischen Insel ausgesetzt wurde und in der erzwungenen Isolation fast seine Sprache verlor.

Durch Verhinderung oder Verlust der Sprache wird das soziale Band zerrissen, das den Menschen überhaupt erst zum Menschen macht. Dies ist die Lehre aus Mary Shelleys Bestseller *Frankenstein*.[63] Der experimentierfreudige Wissenschaftler Victor Frankenstein, der dem Monster

---

63 Mary Shelley, Frankenstein oder Der moderne Prometheus – Die Urfassung 1818 – Roman. Aus dem Englischen übersetzt und in neuer Überarbeitung herausgegeben von Alexander Pechmann, mit einem Nachwort von Georg Klein, München 2017.

das Leben schenkt, wird tragischerweise durch das erschreckende Äußere seines Produkts abgestoßen. Auch andere Menschen ertragen es nicht, ihm in die abgründig fremden gelben Augen zu schauen. Sie reagieren mit Panik und ergreifen die Flucht. Auf diese Weise wird das Monster in eine Einsamkeit getrieben, unter der es schmerzlich leidet. Es erlernt zwar die Sprache seiner Mitmenschen und entwickelt auf der Basis dieser Sprache auch soziale Emotionen, doch bleibt es das ultimative Fremde, dem jegliche Empathie und menschliche Beziehung verweigert wird. Inbegriff seiner Fremdheit ist seine Namenlosigkeit. Als namenloses Wesen ist das Monster überhaupt nicht ansprechbar und kann sich auch in keiner menschlichen Gemeinschaft verorten. Es ist erst diese soziale Ausgrenzung, die das Monster zum Bösen macht. Diese Entwicklung entspricht keiner inneren Veranlagung, sondern ist in diesem Fall nur die logische Antwort auf die von der Gesellschaft verweigerte Sozialität und Integration. Die von der Gesellschaft Ausgegrenzten, das wusste Mary Shelley schon vor zweihundert Jahren, kommen als Dämonen, Wiedergänger oder Terroristen zurück.

Gegenläufig zur Anthropologie der Sozialität, wie sie Mary Shelley nach der Aufklärung starkmachte, gab es auch wirkmächtige kulturelle Traditionen, die den Wert der Einsamkeit noch einmal aufleben ließen. Die große Bedeutung von Einsamkeit war sowohl durch die christliche wie durch die stoische Tradition begründet worden. In ihrer christlichen Variante hatte die Einsamkeit im 15. Jahrhundert noch einmal große Konjunktur. Ein Beispiel ist die Bewegung der Devotio moderna in der frühen Neuzeit, die dem isolierten Einzelnen eine praktische Form der »Nachfolge Christi« empfahl. Das gleichnamige Werk des Thomas à Kempis wurde nach der Bibel zum verbreitetsten Erbauungsbuch mit rund dreitausend Ausgaben. Mit solchen Werken drangen Formen innerweltlicher Askese und spirituelle Exerzitien aus den Klöstern in das alltägliche Leben der Christen beider Konfessionen ein. Die moderne Devotionsform, die Meditation, fordert Einsamkeit, denn im Lärm weltlichen Treibens kann die Stimme Gottes nicht vernommen werden. Sie dringt auf Loslösung von irdischen Bindungen und ungeteilte Konzentration, auf das himmlische Ziel der Pilgerfahrt der Seele.

Die säkulare Variante des Einsamkeitsgenusses kam aus der stoischen Tradition, die den gehobenen Ständen ein inneres Paradies anbot. In diesem Falle gründete sich die Selbstgenügsamkeit auf die Rückzugsmöglichkeit auf einen angenehmen Landsitz in pastoraler Umgebung mit taktvollem Dienstpersonal und einer gut ausgestatteten Bibliothek. An einem solchen Ort konnte man der Welt den Rücken kehren und Ruhe und Privatheit genießen, während diplomatische Querelen und politische Stürme die Welt erzittern ließen.

Die Welt, die der Stoiker hinter sich gelassen hat, ist jedoch nicht diese gefallene Welt schlechthin, sondern das glatte Parkett des Hofes und der Politik, wo die launige Fortuna regiert, die aus den Favoriten von heute die Verbannten von morgen macht. Solche Wechselfälle waren im England des 16. und 17. Jahrhunderts an der Tagesordnung, und die Edelleute, die sich zurückzogen, wussten, wovon sie sprachen, wenn sie in einen horazischen Ton verfielen. Eine Fülle von Einsamkeitsgedichten aus diesem Zeitraum beschwört das eigene Ich als letzten stabilen Bezugspunkt in einer flüchtigen und trügerischen Welt. Im Gegensatz zur christlichen Demut besteht die Askese des Stoikers in der Überwindung von zwei Leidenschaften: Ehrgeiz und Eros. Die Sorge um die Karriere bedeutet Weltverstrickung, Liebe bedeutet Verstrickung mit dem anderen Menschen; das höchste Gut ist die Autarkie oder Ataraxie (Unerschütterlichkeit), beides Früchte des Rückzugs in die Einsamkeit.

Einsamkeit oder Geselligkeit? Diese Frage rückte im 16. Jahrhundert ins Zentrum kritischer Reflexion und wurde zum Gegenstand einer europäischen Kontroverse. In der neuen Anthropologie der Geselligkeit, die die Grundlage für alle Höflichkeitskonzepte und -praktiken bildet, ist der Mensch ein von Natur aus unvollständiges, auf die Ergänzung durch andere angewiesenes und deshalb von Grund auf soziales Wesen, das in der Einsamkeit verkommt. Als geselliges Wesen ist der Mensch von Anfang an auf Gesellschaft ausgerichtet, weshalb es auch zu schweren Störungen für beide Seiten kommen kann, wenn die Gesellschaft bestimmten Menschen die Aufnahme verweigert.

DIE NEUE NORM DER GESELLIGKEIT
STEFANO GUAZZO, LA CIVIL CONVERSAZIONE, 1574

Für diese neue soziale Formation der »Gesellschaft« gab es zunächst nur zwei Modelle: den Hof und die Stadt. In beiden Bereichen rücken Menschen in eine räumliche Nähe, die nicht mehr durch gewachsene Bande der Familie und Herkunft geprägt ist. Begleitend zur Entwicklung der Fürstenhöfe im 16. Jahrhundert und zur Entwicklung größerer Städte im frühen 18. Jahrhundert entstand eine Literatur, die die Probleme der neuen Sozialsituation thematisierte und darüber belehrte, wie man sich in ihr besser zurechtfinden konnte. Castigliones berühmte Verhaltenslehre *Il Cortegiano* (1528) ist zum Anstoß für ein reiches und anhaltendes Schrifttum geworden, das half, sich in die neuen Lebensformen einzuüben. Zu dieser Gattung und Tradition gehört auch Stefano Guazzos *La Civil Conversazione* aus dem Jahr 1574, das eine weite europäische Rezeption erfuhr und in England bereits 1581 in einer Übersetzung vorlag, die Shakespeare vermutlich bekannt war.[64]

Dieses umfangreiche Werk ist in vier Bücher gegliedert. Die ersten drei Bücher behandeln in Dialogform allgemeine Probleme wie Einsamkeit und das Zusammenleben innerhalb und außerhalb des Hauses. Das vierte Buch vermittelt zwischen häuslicher und außerhäuslicher Sphäre, indem es – gewissermaßen als Anwendung zur vorangegangenen Theorie – in dramatisierter Form die modellhafte Beschreibung einer geselligen Festveranstaltung bietet und dabei gewisse Normen, Spielregeln und konkrete Vorschläge für die Unterhaltung der Gäste mit einschließt. Uns interessiert hier vor allem das erste der vier Bücher, in dem der Wert der Geselligkeit gegen den der Einsamkeit durchgesetzt wird.

Vom Standpunkt eines beginnenden Gesellschaftsden-

64 Sir Edward Sullivan (Hg.), The Civile Conversation of M. Steeven Guazzo, Faksimile-Druck, London und New York 1925.

kens aus wurden kulturelle Traditionen wie die Demut des Christen und der Hochmut des Stoikers als unpassend empfunden. Die alten, hehren Motive der Einsamkeit zerfielen vor dem neuen Wert der Geselligkeit. Mit der Entstehung der säkularen Gesellschaft wurden die alten Tugenden unbrauchbar, mehr noch: sie nahmen plötzlich die Gestalt eines Lasters an, das es zu überwinden galt. So jedenfalls ist es in der *Höflichen Unterhaltung des Herrn Guazzo* nachzulesen, einem Werk, das in unterhaltsamer Dialogform als Gespräch unter Freunden verfasst ist. In dem Gespräch stehen sich der Verfasser Stefano Guazzo und sein Freund als Berater und Therapeut gegenüber. Guazzo tritt als Melancholiker und Patient auf, der im Laufe des Gesprächs überzeugt und geheilt wird. Das ist zugleich auch die Rolle, die dem Leser angeboten wird, der durch die Lektüre dieselbe Wandlung durchmachen kann.

Zu Beginn des Gesprächs stellt sich der Patient als ein Einsamkeitsfanatiker vor, der alle Formen der Geselligkeit flieht:

»Ich empfinde es als Schwerarbeit für meinen Geist, anderer Menschen Rede zu folgen, mir passende Antworten einfallen zu lassen, und auf all die Nebensächlichkeiten zu achten, wie sie die Leute von Stand und meine Ehre mir abverlangen. All das ist nichts als Mühe und Unterwerfung. Wenn ich mich aber in mein Haus zurückziehe, sei's um zu lesen, zu schreiben oder mich auszuruhen, dann gewinne ich meine Freiheit zurück, lasse die Zügel schießen, dann bin ich keinem mehr was schuldig und genieße mein Vergnügen und Behagen.« (17)

Guazzo führt alles auf, was nur in die Waagschale der

Einsamkeit zu werfen ist: zuerst die christliche Option, Einsamkeit als Kontemplation fern vom weltlichen Treiben, als Suche nach Erlösung von weltlicher Verstrickung, als frommes Leben nach den Geboten des Gewissens, sodann, etwas unvermittelt, die stoische Option, Einsamkeit als Selbstgenuss fern von öffentlichen Pflichten, dem Gedränge der Stadt und ihrem bedrückenden Mittelmaß. Dem damaligen Leser waren alle Argumente wohl vertraut, er erfreute sich an ihrer vollständigen und eloquenten Darstellung. Hinzu kommt noch ein aktuelleres Motiv für Einsamkeit; Guazzo verrät es, wenn er bekennt, er ziehe sich nach Hause zurück, »sei's um zu lesen, sei's um zu schreiben«. Der massenhafte Buchdruck veränderte Lesekonventionen und schuf damit ein neues Bollwerk der Einsamkeit. In der Kontroverse um das neue Medium bezieht der Text eindeutig Stellung für interaktive Mündlichkeit und gegen anonyme Schriftlichkeit. Vom Medium des gedruckten Buches befürchtet man, es könne eine neue gefährliche Mischung von frommer Weltflucht und stoischem Selbstgenuss erzeugen. Ich zitiere eine längere Passage, in der Platons Buchkritik gegen den Trend der Zeit noch einmal starkgemacht wird:

»Und ich sage dir, es ist ein großer Fehler zu glauben, dass Wissen besser im einsamen Umgang mit Büchern erworben werden kann als in der Gesellschaft kundiger Männer. Denn es ist ein Leitsatz der Philosophie, und die Erfahrung bestätigt ihn, dass Wissen leichter durch die Ohren als durch die Augen aufgenommen wird. Kein Mensch sollte sich die Augen verderben und seine Finger mit Umblättern strapazieren, wenn er die Autoren von Angesicht sehen und ihre natürliche Stimme hören kann, die sich mit wunderbarer Kraft in seinem Geist einprägt. Und wer beim Lesen einmal auf eine schwierige und unverständliche Stelle stößt, der kann das Buch nicht bitten, sich zu erklären, sondern muss unbefriedigt davongehen und sich sagen: Wenn du dich nicht verstehen lassen willst, dann werde ich dich eben nicht verstehen! Woran man sehen kann, dass es weit besser ist, sich mit Lebenden als mit Toten zu unterhalten. Und außerdem fällt mir auf, dass der Geist eines einsamen Menschen stumpf und träge wird, da er niemanden hat, der ihn stimuliert, mit Fragen herausfordert und mit ihm diskutiert. Oder aber er wird hochmütig und stolz, weil ihm der Vergleich fehlt und er sich selbst allzu viel einbildet.« (40f.)

Die Argumentation führt vom Äußerlichen zum Innerlichen: Gelesenes haftet schlechter als Gehörtes, der einsamen Lektüre fehlt die notwendige Kontrolle, und, entscheidend: Der einsame Leser ist ein deformierter Mensch, dem die wichtigste Eigenschaft des animal sociale abgeht: die dialogische Fähigkeit.

Die Werte des sozialen Lebens werden vom Freund vertreten und am Beispiel einer alltäglichen Situation illustriert. Er erzählt, er habe auf dem Weg von Padua nach Genua kürzlich ein Schiff benützen müssen, in dem bereits eine bunte Ansammlung von Menschen Platz gefunden hatte: Männer und Frauen, Fromme, Weltliche, Soldaten, Höflinge, Deutsche, Franzosen, Spanier, Juden und so weiter. Ihm blieb nichts anderes übrig, als sich in engste räumliche Nähe zu Personen zu begeben, die, wie er versichert, »von meiner Lebensform und meinem Beruf ganz und gar verschieden waren«. Und er fährt fort:

»Obwohl ich anfangs bedrückt war, war ich am Ende doch zufrieden und fröhlich. Denn ich sah, dass ich mich auf die Besonderheiten der anderen gut einstellen konnte, dass ich meine Sache gut gemacht hatte und in der Gruppe auch noch eine positive Nachrede behielt.« (22)

Die besondere Situation auf dem Schiff ist nichts anderes als der Regelfall des städtischen Lebens. Soll dieses Leben erträglich werden, so müssen die sozialen Tugenden kultiviert werden: Rücksicht, Liebenswürdigkeit, Heiterkeit; verbannt werden Verschlossenheit, Tiefsinn und schroffer Ernst. »Zivile Unterhaltung« (civil conversation)[65], Konversation ist das primäre Medium des sozialen Lebens. Die Teilnahme am sozialen Verkehr wird zur Pflicht, denn Sprache ist das gemeinsame Gut und Band, das alle miteinander verknüpft.

Guazzos Frage, was denn unter »zivil« zu verstehen sei, wird im Dialog mit einer erstaunlichen Erweiterung des Begriffs beantwortet. Es handle sich dabei nicht um eine räumlich bestimmte Lebensform, sondern um eine Qualität des Geistes: »Mit einem Wort: Ich verstehe unter ziviler Konversation eine ehrliche, empfehlenswerte und tugendhafte Art, in der Welt zu leben.« (55) *In* der Welt soll man sich zurechtfinden, in die Welt soll man investieren, und zwar gemeinsam. Konversation als Lebensform ist das genaue Gegenstück zur weltflüchtigen Einsamkeit als Lebensform. Was Ehre und Tugend, ja sogar was Wahrheit

65 Zum Begriff der Konversation, der in einer Spätstufe noch im »Konversations-Lexikon« erhalten ist, vgl. Aleida Assmann, »Vae Soli. Über die Entdeckung sozialer Tugenden in der frühen Neuzeit«, in: Johannes Janota et al. (Hgg.), Festschrift Walter Haug und Burghart Wachinger, Tübingen 1992, 87–102.

ist, soll fortan durch das Forum der anderen mitbestimmt werden, in deren Gegenwart man lebt. Absolute Instanzen jenseits des menschlichen Verkehrs werden nicht mehr zugelassen. Alles wird in die Zirkulation einbezogen und dynamisiert, inklusive der Wahrheit, die nichts anderes ist als der Konsensus und die Übereinstimmung menschlicher Meinungen (41).

Einsamkeit dagegen, so warnt dieses Erziehungsbuch der Renaissance, ist keine Therapie, sondern eine Droge. Sie verschärft die Melancholie, dieses soziale Leiden, dem das gedruckte Buch neue Nahrung verschafft. Das Heilmittel für diese Krankheit heißt Geselligkeit und Unterhaltung. So wird der Dialog zwischen den Gesprächspartnern selbst zu einem Stück Therapie, die nach vier Tagen damit endet, dass der Melancholiker »den düsteren schwarzen Mantel der Einsamkeit aus- und das weiße, glänzende Kleid der Geselligkeit anzieht« (II 216). Am Ende der Therapie ist das asymmetrische Verhältnis von Lehrer und Schüler, Arzt und Patient ausgeglichen und der belehrende Dialog hat sich in ein geselliges Verhältnis unter Gleichen verwandelt. Ja, die Rollen haben sich sogar vertauscht. Am Schluss ist es der Arzt, der beim Abschied einer »melancholischen Einsamkeit« entgegensieht.

DIE NEUE NORM DER SOZIALITÄT/ZIVILITÄT EARL OF SHAFTESBURY, ESSAY ON WIT AND HUMOUR, ADVICE TO AN AUTHOR, 1709/1710

Im 18. Jahrhundert stellte man in England die anthropologische Grundfrage etwas anders. Sie lautete nicht mehr: Ist der Mensch von Natur aus einsam oder gesellig?, sondern: Ist der Mensch von Natur aus gut oder böse? Diese Frage konnte in dieser Form erst im Laufe der Säkularisierung gestellt werden. Solange die biblische Anthropologie vom Menschen als Ebenbild Gottes und die christliche Vorstellung von einer in der Gattung vererbten Urschuld bestand, war diese Frage sinnlos. Der Mensch war gut geschaffen, dann aber aus eigener Verantwortung in einen Zustand der Schuld geraten, aus dem er nur mit göttlicher Gnade wieder erlöst werden konnte. Jenseits der christlichen Anthropologie stellte sich die Frage, ob der Mensch von Natur aus gut oder böse ist, neu und sie wurde gegensätzlich beantwortet. Beide Antworten konnten in Ansätzen auf ältere Traditionen zurückgreifen. Die miteinander konkurrierenden Positionen lassen sich als pessimistische und optimistische Anthropologie voneinander unterscheiden. Sie bilden bis heute die Grundlage für entgegengesetzte neuzeitliche Metaphysiken und politische Ordnungskonzepte.

Thomas Hobbes ging von der Prämisse aus, dass der Mensch von Grund auf böse ist, weshalb er einen starken Staat konzipierte, der diese gefährlichen Triebe in Schach halten sollte. Der starke Staat ist für Hobbes vorwiegend ein Disziplinisierungs- und Kontrollinstrument, das Sicherheit garantieren soll gegenüber dem gefährlich unberechenbaren Menschen. Im Gegensatz zu Hobbes' absolutistischem Modell gingen die Whigs von einem parlamentarischen Modell aus. Sie konstruierten Gesellschaft und Staat als einen Rahmen, der Individuum und Eigentum schützen und den Menschen die Möglichkeit geben sollte, ihre Anlagen möglichst frei zu entfalten. Diese liberalen Gedanken entstanden im Rahmen einer optimistischen Anthropologie, die von einem natürlichen Geselligkeitstrieb des Menschen ausging und auf seine Fähigkeit zur Selbstkontrolle vertraute. Weil sie von dieser positiven sozialen Kraft im Menschen überzeugt waren, bedurfte es ihrer Meinung nach keiner äußeren Fesseln und Kontrollinstrumente, um den Menschen in eine gesellschaftsfähige Form zu bringen.

Mit dem neuen Gesellschaftsmodell verbanden sich Begriffe wie Höflichkeit, Zivilität und Urbanität. Wenn Guazzo als Theoretiker des geselligen Menschen gelten darf, dann darf Shaftesbury als Theoretiker des gesellschaftlichen Menschen gelten. Auch sein Thema ist die Psychologie und Soziologie des urbanen Menschen. Nur hat er nicht eine Stadtrepublik, sondern eine – man möchte sagen – Welthauptstadt vor Augen. Um 1700 hatte London siebenhunderttausend Einwohner, fünfzig Jahre später avancierte die Stadt zur größten der westlichen Welt. England hatte 1689 in seiner »Glorious Revolution« die absolutistische Monarchie verabschiedet und ein neues parlamentarisches System eingerichtet, die erste Demokratie ihrer Art. Es waren vor allem zwei Entwicklungen, die in England die Demokratisierung antrieben: das Bankwesen und die Ausbreitung des Buchdrucks. Der Schriftsteller, Journalist und Verleger

Joseph Addison, der mit seinen Wochenschriften viel für die Ausbreitung des Lesens getan hat, hat das ökonomische Zentrum der damaligen Welt, die Börse, als Mittelpunkt eines neuen globalen Welthandels beschrieben. Sein Blick war noch kein imperialer, er ist kosmopolitisch geweitet.

»Ich empfinde ein grenzenloses Wohlbehagen, wenn ich mich unter die verschiedenen Agenten des Handels mische. (…) Mal bin ich zusammengeworfen mit einer Gruppe Armenier, mal verliere ich mich in einer Menge von Juden, und mal bin ich unter den Holländern. Ich bin Däne, Schwede, Franzose zu verschiedenen Zeiten und komme mir vor wie jener alte Philosoph, der auf die Frage nach seiner Herkunft antwortete, er sei Weltbürger.«[66]

In der Welt, die Addison beschreibt, haben die Händler größere Bedeutung für die Gesellschaft gewonnen als die Politiker. Handel fördert nach Addison den sozialen Gemeinsinn (common sense), der auf ein bürgerliches ökonomisches Gemeininteresse (common interest) gegründet ist. »Commerce«, schreibt Luhmann, »wird zu einem allgemeinen Rationalitätsmodell der Integration, mit dem man in einer noch stratifizierten Gesellschaft bereits für eine nicht mehr stratifizierte Gesellschaft trainieren kann.«[67] Geld neutralisiert Fremdheit und schafft neue Bedingungen für interkulturelle Kommunikation und Interaktion. Man kann deshalb höflich miteinander umgehen, ja man

66 Joseph Addison, The Spectator Nr. 69, (1711), in: Donald F. Bond (Hg.), The Spectator, Volume I, Oxford 1965, 238.

67 Niklas Luhmann, Gesellschaftsstruktur und Semantik. Studien zur Wissenssoziologie der modernen Gesellschaft, Band 1, Frankfurt a. M. 1980, 87.

kann sich sogar imaginativ mit allen Fremden identifizieren, indem man sich als Teil eines neuen, übergeordneten Ordnungs- und Sozialzusammenhangs, des globalisierten Welthandels erfährt.

Die Schwelle zwischen Guazzos Welt einerseits und Shaftesburys oder Addisons Welt andererseits lässt sich mit Luhmann als »Differenz zwischen interaktionellem und gesellschaftlichem Geschehen« beschreiben.[68] Diese Differenz hat Luhmann historisch mit der Französischen Revolution in Verbindung gebracht. »Die Entwicklung lässt sich, und ganz Europa schaut zu, durch Interaktion nicht mehr kontrollieren. Die Logik der Interaktion verhindert den Terror nicht, sie vollzieht ihn mit.« Mit diesem historischen Ereignis ist ein übergreifender Geschehenszusammenhang mit einer eigenen immanenten Dynamik entstanden, die mit direkter Beeinflussung nicht mehr zu steuern ist.

Meine These ist, dass es in England ein Dreivierteljahrhundert zuvor einen vergleichbaren Abstraktionsschub gegeben hat. Diese von Reinhart Koselleck so genannte »Sattelzeit« zwischen Prämoderne und Moderne um 1770 kann man in England auf 1700 vorausdatieren, wo sie ebenfalls mit einer Revolution verbunden ist. In diesem Falle geht es um die puritanische Revolution und ihre Überwindung in einer neuen gesellschaftlichen Verfassung, der konstitutionellen Monarchie. Auch in Shaftesburys Schriften haben sich das Geschichtstrauma des englischen Bürgerkriegs und die damit verbundenen Lehren aus der Geschichte niedergeschlagen. Anstelle des Bürgerkriegs, wo Freund und

68 Niklas Luhmann, Soziale Systeme. Grundriß einer allgemeinen Theorie, Frankfurt a. M. 1984, 577.

Feind einander gegenüberstanden, stehen sich in der konstitutionellen Monarchie die Parteien der Tories und der Whigs gegenüber. Während Hobbes das Trauma des Bürgerkriegs zu seinem politischen Modell macht, besteht die neue Heilslehre der Whigs in der Heilung dieses Traumas durch einen ökonomischen und kulturellen Liberalismus. Der Kern dieser Lehre ist mit der Aufklärung geschichtsmächtig geworden. Er enthält die Entdeckung einer immanenten Logik des ökonomischen Systems, der »invisible hand«, verbunden mit dem Versprechen der Selbstregulierung der politischen und sozialen Kräfte. Voraussetzung dafür ist eine neue Selbstkontrolle des Individuums.

Shaftesbury spricht für die erfolgreiche Schicht eines neuen Geldbürgertums, das auf Freiheit und Liberalisierung setzt. Sein Bild für die Gesellschaft ist nicht mehr das Schiff, das viele Menschen in räumliche Nähe zwingt, sondern der Hafen als Knotenpunkt eines weitgespannten Handelsnetzes.

»Die einzige Gefahr liegt in einem Embargo. Auflagen und Restriktionen führen zu einer Ebbe.

Es gibt nichts Vorteilhafteres als einen freien Hafen.«[69]

Alle Formen des direkten Eingreifens sollen deshalb zugunsten eines liberalen, selbstregulativen Verkehrs zurückgestellt werden. Geld und Sprache sind neue generalisierte Kommunikationsmedien, die weitgespannte gegenseitige Verflechtungen begünstigen und Regulierungen durch direkte Einsprache als obsolet erscheinen lassen. Shaftesbury

---

69 Anthony Ashley Cooper, Third Earl of Shaftesbury, »An Essay on the Freedom of Wit and Humour« (1709), in: John M. Robertson (Hg.), Characteristics of Men, Manners, Opinions, Times, Indianapolis 1964, 45f. (Weitere Textverweise unter WH.)

hat dieses neue ökonomische Prinzip liberaler Selbstregulation in den Mittelpunkt seiner Betrachtungen gestellt und auf alle Bereiche gesellschaftlicher Kommunikation angewendet. Das gilt auch für die menschlichen Verhaltensformen. Höflichkeit ist für ihn nicht mehr Sache einer elaborierten sozialen Rhetorik und eines reichhaltigen Repertoires von Verhaltensregeln, wie sie etwa Lord Chesterfield in berühmten Briefen an seinen Sohn weitergab. Er war überzeugt, dass sich auch Höflichkeit unter den neuen Verhältnissen von selbst einstellen kann:

»Alle Höflichkeit verdankt sich der Freiheit. Wir polieren einander und reiben uns gegenseitig unsere Ecken und Kanten in freundlicher Reibung ab. Wer diesen Prozess unterbricht, bringt den menschlichen Verstand zum Rosten. Wer sich anmaßt, hier einzugreifen, der zerstört Zivilität, Anstand und Nächstenliebe unter dem Vorwand, sie zu unterstützen.« (WH 46)

Shaftesburys freundliche Reibung (amicable collision) produziert eine »Politur«, die die Menschen im gegenseitigen Umgang unter den Bedingungen eines generalisierten und anonymisierten Verkehrs erwerben. »Politeness« kommt also nicht mehr nur von »polis«, sondern nun auch von »polish«. Mit der freundlichen Reibung ersetzt Shaftesbury die alten Formen sozialer Kontrolle und Disziplinierung. Normen sind keine mehr nötig, wo Sozialität selbst zur letzten und übergreifenden Norm geworden ist. Politische, religiöse, ethische Werte werden neutralisiert, wo die Norm der Zivilität herrscht. Nach der traumatischen Erfahrung des englischen Bürgerkriegs und der puritanischen Theokratie, die ja erst zwei Generationen zurücklag, verkündete Shaftesbury den Selbstwert der Sozialität, der auf Höflichkeit gegründet ist.

Die Leitopposition der neuen Ära ist »roh« versus »zivil« und ersetzt dabei die moralische Opposition von gut versus böse. Höflichkeit (civility) ist die neue Norm, die der Einzelne verinnerlichen und verkörpern muss, um sich zu vervollkommnen und seiner menschlichen Bestimmung zu entsprechen. Dafür ist allerdings ein gezieltes Selbst-Training gefordert, das Shaftesbury seinen Lesern empfiehlt.

Um die natürliche soziale Anlage des Menschen auszubauen und ihm zu seiner vollen Bestimmung als gesellig-gesellschaftliches Wesen zu verhelfen, hat Shaftesbury ein spezielles Trainingsprogramm entworfen. Während wir heute ins Fitnesszentrum gehen, um unseren Körper zu trainieren, entwarf Shaftesbury ein Fitnessprogramm, um den Menschen zu sozialisieren. Sozialität und Höflichkeit sind für ihn ein und dasselbe. Inbegriff des unhöflichen und unsozialen Menschen ist der monologische Typus, der sich den Stimmen der anderen verschließt und seine Besonderheit schroff zur Schau stellt. Dieser Typus wird in der Aufklärung als autoritär empfunden und damit zum Gegenstand von Kritik und Karikatur. In unterschiedlichen Verdichtungsgraden verkörpert er sich in den Rollen des Diktators, Fundamentalisten, Sektierers, Dogmatikers, pedantischen Lehrers. Alle haben gemein, dass sie die Norm der Höflichkeit und Sozialität verletzen. Sie alle bringen zur Sprache, stellen in ihrem Verhalten dar oder setzen ins Werk, was idiosynkratisch und nicht verallgemeinerungsfähig ist. Dem monologischen Typus stellt Shaftesbury den dialogischen Typus gegenüber, der die soziale Norm verinnerlicht, ein generalisiertes Ich ausbildet und alle Rohheit (crudity) von sich abgeschliffen hat.

In der säkularen Welt Shaftesburys gibt es keinen Außenhorizont der Gesellschaft mehr, sondern nur noch temporäre Rückzugsräume. Dem Rückzugsraum des Privaten kommt eine doppelte Funktion zu. Er ist Rumpelkammer, in der der Ballast verstaut wird, der im öffentlichen Leben störend wirkt. Hier werden alle persönlichen Kuriositäten und Kruditäten abgelegt, vom religiösen Bekenntnis bis zur wunderlichen Laune. Im öffentlichen Raum muss man nunmehr lernen, vieles zurückzuhalten. Als eine Technik, um diese Kontrolle über sich zu erlernen, empfiehlt Shaftesbury das Selbstgespräch. Er möchte eine innere Inquisition, um die äußere abzuschaffen. Wir könnten, so meint er, »wohl weniger lärmend und in Gesellschaft erträglicher werden, wenn wir von Zeit zu Zeit einiges von unserem Sprachdampf abließen und in Einsamkeit mit uns selbst viva voce kommunizierten.«[70]

Bevor dieses Exerzitium beginnen kann, muss man sich jedoch zuerst »außer Hörweite« (AA 107) bringen. Dann kann jene Selbstteilung und Selbstverdoppelung stattfinden, die man sich auch vom Bühnendramatiker abgucken kann. Das Selbstgespräch in den eigenen vier Wänden, das von niemandem überhört wird, beruht auf demselben Prinzip: Teile dich in zwei Personen auf und bringe diese in einen Dialog miteinander. Damit folgt man zugleich der noch viel älteren Anweisung des delphischen Orakels,

---

70 Shaftesbury, »Soliloquy, or, Advice to an Author», in: Characteristics of Men, Manners, Opinions, Times, 106. (Weitere Textverweise unter AA.)

denn, wie Shaftesbury betont: »Erkenne dich selbst heißt nichts anderes als: teile dich selbst, verdopple dich!« (AA 113)

Der dialogische Mensch muss auch lernen, gegenüber anderen Menschen auf autoritäre Einflussnahme zu verzichten. Shaftesbury ist deshalb allergisch gegen die Anmaßung von Herrschaft und eine Stimme, die Ehrfurcht und Unterwerfung einfordert. (AA 103) Auch der patronisierende Autor, der »diktatorische und autoritäre Züge des Weisen« annimmt und seine Leser bevormundet, ist ihm zuwider. (AA 130) Als vollkommene literarische Form preist er den Dialog, den er auch selbst praktiziert, denn hier »ist der Autor getilgt, und der Leser, der nicht direkt angesprochen wird«, kann jede Position selbständig prüfen. (AA 132)

Shaftesburys Thesen reflektieren einen Demokratisierungsschub nicht nur im Medium des Geldes, sondern auch im Medium der Schriftkultur. Shaftesbury sieht im Buchdruck, dieser Kommunikation unter wechselseitig Abwesenden (der Autor hat den Leser nicht mehr vor sich, dem Leser ist der Autor entzogen), nicht mehr den Mangel eines Partners, sondern die Erschließung neuer Freiräume. Während Guazzo noch einmal das verkörperte Gespräch zum Modell der Sozialität machen wollte und das gedruckte Buch als Schein-Kommunikation kritisierte, schrieb Shaftesbury im Druckzeitalter und für eine Gesellschaft, die sich selbstverständlich über Druckerzeugnisse verständigte. Sein Ideal von Kommunikation ist deshalb dort verwirklicht, wo Autor und Leser einander als Personen unsichtbar sind und der Gegenstand diskursiv verflüssigt ist, das heißt das substanzielle Gewicht einer autoritativen Weisheit verloren hat. Shaftesburys Leitgedanken wie die Generalisierung des Mitmenschen, die Anonymisierung der Kommunikationspartner und die Ersetzung vertikaler durch horizontale Beziehungen ergänzen sich zu einem sozialen System, in dem sich die neuen Normen der Selbstregulierung und Höflichkeit entfalten.

Um die beiden ersten Stufen der Geschichte noch einmal kurz zu rekapitulieren: Höflichkeit hat ihren Ursprung in der frühen Neuzeit an europäischen Fürstenhöfen. Sie entstand als ein Verhaltenskonzept, das Regeln für den zwischenmenschlichen Umgang in enger räumlicher Nähe unter der Bedingung gegenseitiger Anwesenheit und Sichtbarkeit vorgab. Indem sich diese Voraussetzungen änderten, hat sich auch das Konzept von Höflichkeit verändert und erweitert. Shaftesbury schreibt in einer Zeit, in der das kulturelle Muster der Kommunikation von vertikalen auf horizontale Beziehungen umgestellt war; er hat das Konzept von Höflichkeit an diese neuen Bedingungen angepasst und es dabei grundlegend modernisiert. Dieses Konzept hat sich als erstaunlich wandlungs- und anpassungsfähig erwiesen und seine Bedeutung bis in die Gegenwart hinein bewahrt. Dieser Wandel der Nähe-Verhältnisse vom Hof zur Stadt und zu einer bürgerlichen Gesellschaft ist wesentlich durch die Medien des Geldes und des Buchdrucks befördert worden und hat zu einem Begriff von Sozialität geführt, der menschliche Beziehungen nicht mehr im Paradigma körperlicher Interaktion fasst, sondern zunehmend in den Kategorien der Anonymität und Vermitteltheit denkt. Der mit diesen Veränderungen einhergehende Strukturwandel der Höflichkeit führt nicht zuletzt zu einer neuen Bewertung von Einsamkeit, die nicht mehr als ein Jenseits der Gesellschaft mit einem unabhängigen und gegenläufigen Wertesystem gefasst wird, sondern als ein temporäres Abtreten von der Bühne der Gesellschaft, das auf erneute Auftritte vorbereitet. Mit den generalisierten Kommunikationsmedien des Geldes und des Buchdrucks sind die sozialen Bande weit gedehnt aber auch neu verknüpft worden. Sie bilden ein abstraktes Beziehungsgeflecht, aus dem es keinen einfachen Ausgang mehr gibt. Wo es kein Jenseits der Gesellschaft mehr gibt, weil Gesellschaft alles durchwirkt, gewinnt auch die Höflichkeit eine neue Bedeutung. Die Verinnerlichung von Höflichkeit und zivilem Anstand wurde damit zur Grundlage sozialen Lebens schlechthin.

2. ANERKENNUNG UND RESPEKT

Als Addison seinen Rundgang durch die Londoner Börse machte, war er fasziniert von der Vielfalt der Nationen und Kulturen, denen er dort begegnete. In dieser engen Zone des Handels im Herzen der Stadt London spiegelte sich plötzlich die ganze Welt. Diese frühe Erfahrung von Globalisierung ist inzwischen zum Alltag geworden. Wir können heute Addisons Beschreibung des kosmopolitischen London mit Ulrich Becks Beschreibung der »Weltgesellschaft« vergleichen: »Was die Menschen scheidet – religiöse, kulturelle und politische Unterschiede –, ist an einem Ort, in einer Stadt, immer öfter sogar in einer Familie, in einer Biographie präsent.« Beck spricht auch von der »Multiple-Welten-Gesellschaft«, in der »Vielfalt ohne Einheit« herrscht.[71] In dieser Gesellschaft »wächst zusammen, was nicht zusammengehört«; Fremdes und Eigenes bestehen nebeneinander in widerspruchsvoller Vielfalt und Andersheit. Die multikulturelle Weltgesellschaft, so fügt er hinzu, solle nicht mit dem Wort »kosmopolitisch« verklärt werden; »sie führt weder zu einer Vermischung der Kulturen noch automatisch zu einem höheren Niveau des Verstehens und der Toleranz, sondern oft genau im Gegenteil zu Abschottungen und Xenophobie«.[72] Diese Sätze über die Dynamik der Globalisierung wurden

71 Ulrich Beck (Hg.), Perspektiven der Weltgesellschaft, Frankfurt a. M. 1998, 7.

72 Ibd., 9.

1998 geschrieben; nach dem 11. September 2001 war es ohnehin nicht mehr nötig, vor Verklärung und Euphorie zu warnen. Die Flugzeuge, die damals am heiteren Morgenhimmel in Manhattan einschlugen, zerstörten genau das Zentrum des Welthandels, das Addison Anfang des 18. Jahrhunderts als kosmopolitischen Ort par excellence bewundert und gepriesen hatte. Zwar gab es das Britische Imperium damals noch nicht, aber die Aktien, die dort gehandelt und die enormen Vermögen, die in der frühkapitalistischen Ära dort gemacht wurden, beruhten weitgehend auf dem Sklavenhandel und der Ausbeutung der Kolonien. Die Utopie vom Handel als einheitsstiftendem Rahmen und »common interest« einer globalisierten Welt erweist sich im Nachhinein als ein halbiertes Bild der Geschichte, das die traumatischen Erfahrungen ihrer Opfer konsequent ausblendet.

Inzwischen sind die fundamentalistischen Werte zurückgekehrt, die Aufklärer des 18. Jahrhunderts wie Addison oder Shaftesbury verbannt hatten, und mit ihnen ist auch der Terror Teil unseres Alltags geworden. Angesichts der schrillen Differenz von kulturellen Lebensformen und religiösen Überzeugungen, die auf engstem Raum zusammentreffen, hat sich unser Begriff von Höflichkeit noch einmal verändert. Es muss verstärkt nach einem neuen gesellschaftlichen Rahmen gefragt werden, der die friedliche Koexistenz der Menschen auf dem geschrumpften Globus regeln kann. Dafür werden im Folgenden die Begriffe »Anerkennung« und »Respekt« als Ergänzungen zu den unterschiedlichen Formen von Höflichkeit vorgeschlagen.

ANERKENNUNG

Das Wort »Anerkennung« hat in den letzten Jahren einen beachtlichen Bedeutungswandel erfahren. Anerkennung ist nicht mehr nur das, was bestimmten Menschen, die sich besondere Verdienste erworben haben, von Jurys und anderen Institutionen der Gesellschaft verliehen wird. Sie wird nicht nur an Auserwählte verliehen, sondern inzwischen auch von breiteren Schichten der Gesellschaft eingefordert. Durch Anerkennung soll dabei nicht mehr nur der Mehrwert bestimmter persönlicher Leistungen prämiert, sondern immer häufiger auch ein erfahrener Mangel ausgeglichen werden. So hat sich die Diskussion inzwischen verlagert von einer Anerkennung, die bestimmte Menschen auszeichnet, hin zu einer Anerkennung, die Menschen grundsätzlich als das, was sie sind, würdigt. Der neue Begriff der Anerkennung ist dabei nicht verständlich ohne sein Pendant, den Schattenbegriff der »Aberkennung«. Aberkennung bezieht sich auf den großen Komplex mangelnder Würdigung, Entzug der Würde, Beschämung, aufgezwungene Unsichtbarkeit, Demütigung, kurz: eine lange Geschichte der systematischen Entwertung und Missachtung von Individuen und ganzen Bevölkerungsgruppen. Die Forderung nach Anerkennung zielt demgegenüber auf soziale und politische Teilhabe unter den Bedingungen individueller, sozialer und kultureller Diversität.

Der Begriff der Anerkennung hat in verschiedenen Fächern wie der Philosophie, der politischen Theorie, des Rechts und der Soziologie Fuß gefasst und aktuelle Diskurse angestoßen. Für die Soziologen hieß das Band, das moderne Gesellschaften zusammenhält, bis vor Kurzem noch

»Kommunikation« (Niklas Luhmann). Inzwischen sind an die Stelle des ebenso umfassenden wie abstrakten Begriffs der Kommunikation sehr konkrete Kämpfe um Anerkennung getreten, die zugleich Kämpfe um soziale und politische Partizipation sind. Während Kommunikation als eine zentrale verbindende Aktivität verstanden wurde, die das soziale System der demokratischen Gesellschaft in Gang hält und dabei Interaktionen der Gegenseitigkeit und Gleichheit stützt, betreten wir mit dem Anerkennungsbegriff einen anderen Boden, weil es hier um asymmetrische Machtverhältnisse und Sozialbeziehungen und folglich um Forderungen geht, die auch verweigert werden können. Das Phänomen der Anerkennung hat viele Gesichter und Kontexte. Deshalb ist es wichtig, die historische Entwicklung dieses Begriffs zu verstehen und die Praxis der Anerkennung in unterschiedlichen kulturellen Rahmenbedingungen genauer zu untersuchen.

Die große Bedeutung des Anerkennungsbegriffs hat etwas mit seiner engen Verbindung mit dem Identitätsbegriff zu tun. Identität wird dabei als ein soziokulturelles Verhältnis aufgefasst, denn Menschen bilden sich nicht nur selbst, sondern auch gegenseitig, indem sie einander Achtung schenken und Respekt erfahren. Die Entziehung solcher sozialer Achtung und Aufmerksamkeit, das weiß man schon aus dem Mikrosystem der Familie, hat schwerwiegende Folgen für die Entwicklung des eigenen Selbstbilds. »Anerkennung ist die Grundlage der Identitäts-Konstruktion; ohne Anerkennung können wir nicht wissen, wer wir sind.«[73]

73 Winfried Fluck, »The Concept of Recognition and American Studies«, in: W. Fluck et al. (Hgg.), American Studies Today. New Research Agendas, Heidelberg 2014, 167–207; 197.

Das klingt nach der Umformulierung einer älteren soziologischen Einsicht. Für George Herbert Mead, den prominenten Vertreter der Schule des symbolischen Interaktionismus, gibt es keine Identitätsbildung ohne die Beziehung zwischen dem Selbst und einem Anderen in einem sozialen Kontext: »Wo immer ein Selbst erscheint, bildet sich dieses durch eine Erfahrung mit einem Anderen. Es gibt keine Erfahrung eines Selbst nur durch sich selbst.«[74] Für Mead hat das Individuum, die kleinste Einheit der Gesellschaft, immer schon eine soziale Grundlage und Voraussetzung. Die Einsicht, dass das Selbst den Anderen internalisiert, haben wir bereits bei Shaftesbury gefunden; bei Mead kommt nun noch die Dimension der Anerkennung durch den Anderen hinzu. Es reicht nicht, dass sich das Individuum mit den Augen des Anderen sieht, das Selbst bedarf auch der Anerkennung und Bestätigung durch den Blick des Anderen. Diese anthropologisch-soziale Prämisse legt gleichzeitig die prekären Grundlagen der Konstruktion von Identität bloß. Denn erstens äußert sich Anerkennung in performativen Akten und festigt sich nicht unbedingt in einem zuverlässigen stabilen Status, und zweitens eröffnet Anerkennung immer auch Optionen der Nicht-Anerkennung, Verkennung, Aberkennung. Hier öffnet sich ein weites Feld, das keineswegs spekulativ ist, sondern für das unsere tägliche Realität viele Beispiele aufweist.

Akte der Anerkennung sind wichtige Voraussetzungen individueller Identität, sie schließen aber auch Fragen der Zugehörigkeit zu Geschlecht, Klasse, Nation, Religion und

74 George Herbert Mead, The Individual and the Social Self. Unpublished Works of George Herbert Mead, Chicago 1982, 195.

ethnischen Herkunftswelten ein. Während personale Identität weitgehend durch individuelle Fähigkeiten und Leistungen definiert wird, wird kollektive Identität über Mitgliedschaft und Zugehörigkeit definiert. Für individuelle und kollektive Identität gibt es unterschiedliche Formen der Anerkennung, die sich mit den Stichworten »Distinktion« und »Differenz« verbinden.

DIE SOZIALE KONSTRUKTION INDIVIDUELLER IDENTITÄT DURCH DISTINKTION

Der Amerikanist Winfried Fluck hat gezeigt, dass die Einsicht in den Zusammenhang zwischen individueller Identitätsbildung und der Bedeutung von Anerkennung auf Alexis de Tocqueville zurückgeht, einen aufmerksamen, kritischen und luziden Beobachter der amerikanischen Demokratie in ihren Anfängen. Der französische Diplomat war fasziniert von dem modernen Experiment, eine Gesellschaft systematisch auf den Prinzipien der Gleichheit aufzubauen und alles abzuschaffen, was an Status- oder Rangunterschiede erinnert. Tocqueville verstand aber auch, dass das Ziel einer Demokratie keine vollkommen einheitliche Gesellschaft sein könne. Deshalb stellte er sich die Frage, wie die für eine Gesellschaft produktiven Unterschiede auf andere Weise wiederhergestellt werden könnten. Die Antwort lautete: Durch Wettbewerb haben Individuen die Chance, sich von anderen abzuheben und aus der Masse herauszuragen. So erklärte er sich das neue Gesetz der amerikanische Demokratie: »Sie haben die Privilegien-Struktur abgeschafft und als Ersatz dafür das Tor zu einem universalen Wettbewerb geöffnet. Die Barriere zwischen den Bürgern hat nur ihre Gestalt verändert, nicht ihre Position.«[75]

Mit seiner Analyse hat Tocqueville ein Leitmotiv amerikanischer Selbstthematisierung vorweggenommen. In einer Gesellschaft, die von Konsum und Konformismus geprägt ist, steht jede Generation wieder vor der Aufgabe, Unterschiede durch Wettbewerb auszuprägen. Durch Exzellenz, Abweichung oder Dissens wird die Gleichförmigkeit der Gesellschaft durchbrochen und Individuen können in einer hierarchielosen Gesellschaft Aufmerksamkeit, Anerkennung und Sichtbarkeit gewinnen.

Fluck betont im Anschluss an Tocqueville, dass der Wunsch nach individueller Distinktion folglich in die Textur der amerikanischen Gesellschaft eingewebt ist. Eine egalitäre Gesellschaft ermöglicht viele Wege zur Distinktion: »performative Selbstdarstellung, Berühmtheit, Geld und eine ›Der Sieger bekommt alles‹-Ideologie, aber auch Massenkonsum und Werbung und ein ganzes Paket an un-inhibierten Lebensstilen«.[76] Nach dem Umsturz der alten Status-Regime kann man Anerkennung durch Geld, Leistung, Hartnäckigkeit, Macht, Intelligenz, Talent, Schönheit und andere Formen von Ausstrahlung gewinnen. Anerkennung befördert das Individuum von Unsichtbarkeit zu Sichtbarkeit, von Anonymität zu Berühmtheit, von einem Außenseiter zu einer Schlüsselfigur, von einem Niemand zu einem Jemand. Diese Form des

75 Fluck, »The Concept of Recognition«, 175.
76 Ibid., 200.

sozialen Aufstiegs wird nicht mit dem Abstieg anderer erkauft, sondern geschieht durch Erwählung. Werte wie das Besondere und Einmalige schaffen neue Unterschiede in einer Welt erklärter Gleichheit, wobei persönlicher Ehrgeiz und das starke Bedürfnis nach Distinktion und Wettbewerb die demokratische Gesellschaft in Bewegung hält. Die auf Mobilität ausgerichtete moderne Demokratie ersetzt die vertikale Struktur geschlossener Hierarchien mit ihren festen Systemen von Rang, Kaste und Status, die die Nicht-Privilegierten grundsätzlich von selbstbestimmten Formen der sozialen Teilhabe ausschließen.

Die zentrale Einsicht, dass Anerkennung und Identitätsbildung zusammengehören, ist eine Botschaft, die bereits unsere (westlichen?) Mythen und Märchen vielfach bestätigen. In seinem Essay geht Fluck auch auf den kulturwissenschaftlichen Zusammenhang zwischen Identitätsbildung, Anerkennung und Narrativen näher ein. Individuen und Gemeinschaften stützen sich auf Erzählungen, um ihre Bedürfnisse und Wünsche, ihre Identität und ihren Zusammenhalt zu imaginieren, zu artikulieren und zu stärken. Fluck fiel in diesem Kontext auf, dass in der Kultur der Vereinigten Staaten die »Anerkennungsgeschichten« eine besondere Rolle spielen. Dieser Typ gehört zu den ältesten und weitest verbreiteten Märchenformen. Die Handlung ist so angelegt, dass der Hauptperson die ihr gebührende Anerkennung zunächst in unterschiedlicher Form verweigert wird und diese erst am Ende in einer strahlenden Apotheose bestätigt wird. Viele Helden und Heldinnen in Märchen und Mythen starten als unscheinbare, unterdrückte und verkannte Personen in oftmals schweren

Lebensumständen, müssen Abenteuer, Versuchungen und Prüfungen überstehen und offenbaren sich am Ende als rechtmäßige Herrscher und Prinzessinnen. Diese Varianten des Aschenputtel-Motivs, so Fluck, bilden in den USA die Grundstruktur vieler Romane und Filme. Sie sind außerordentlich beliebt, weil in diesem Erzählmuster der tiefe Wunsch einer »Verwandlung von Unterlegenheit in Überlegenheit, von Schwäche in Stärke, von Wertlosigkeit in Wert, oder, allgemeiner gesagt, von Verkennung in Anerkennung«[77] erfüllt wird. Dieses Handlungsmuster hat eine überaus starke emotionale Resonanz und bietet ein großes Potenzial für Identifikationen. Für Fluck enthalten diese Erzählungen einen utopischen Kern, der die Hoffnung auf eine gerechtere und bessere Welt am Leben erhält. Als ein Beispiel für diesen utopischen Kern könnte man den Film *Men of Honor* (2000) anführen, der die wahre Geschichte von Master Chief Petty Officer Carl Brashear, dem ersten afrikanisch-amerikanischen Meistertaucher in der US-Marine erzählt und in dieser Erfolgsgeschichte auch Gewicht auf die lange Geschichte der Demütigungen und Misshandlungen von Schwarzen in dieser weißen Institution legt.

Flucks stimulierende Analyse von Anerkennungsnarrativen ist ein wichtiger Beitrag zu einer »Kulturgeschichte der Anerkennung«. Möglicherweise hat dieser Erzähltyp der Anerkennungsgeschichten in der amerikanischen Massenkultur und Unterhaltungsindustrie auch einen kompensatorischen Effekt, der darin besteht, beim Publikum

77 Ibid., 186.

jene Wünsche in der Fiktion zu erfüllen, die ihm das Leben verweigert. Der Amerikanische Traum, einmal zu den Auserwählten zu gehören, die Reichtum und Anerkennung genießen, gewinnt in diesen Medienprodukten den Charakter einer Ersatzdroge für diejenigen, die von diesen Idealen ausgeschlossen bleiben. Ambitioniertere Kunstwerke greifen dagegen das Schema auf, um es zu dekonstruieren und falsche Versprechen zu durchleuchten wie in Arthur Millers Theaterstück *Tod eines Handlungsreisenden*, wo Anerkennung ausbleibt.

DIE KULTURELLE KONSTRUKTION KOLLEKTIVER IDENTITÄT DURCH DIFFERENZ

Im Falle der Theorie und Praxis der Anerkennung geht es jedoch nicht nur um die psychologische und soziale Bedeutung von individueller Anerkennung, sondern inzwischen immer öfter auch um die kulturelle Bedeutung kollektiver Anerkennung, sowie, noch weit gravierender, um die negativen Wirkungen einer Aberkennung von Identität und Menschsein und die Folgen einer jahrhundertelang sanktionierten Praxis systematischer Negierung, Ausbeutung, Vertreibung und Vernichtung von Individuen oder Gruppen. Alle diese physischen Repressionen gehen mit diskursiven Strategien symbolischer Aberkennung einher. Sie ist die Legitimation einer ungehemmten Machtpolitik auf Kosten bestimmter Bevölkerungsgruppen.

Anerkennung ist seit den achtziger Jahren vermehrt zu einer Forderung von Gruppen geworden, die sich gegenüber ihrer sozialen und kulturellen Umwelt als different betrachten. Mit dieser neuen Entwicklung endete das Jahrhundert des »melting pot«. Darunter verstand man in den Vereinigten Staaten und anderen Einwanderungsländern eine Politik der Assimilation, bei der erfolgreiche Integration eine möglichst vollständige Anpassung an die Aufnahmegesellschaft verlangte, was die Aufgabe sprachlicher und kultureller Besonderheiten bedeutete. In diesem Falle geht es nicht mehr um individuelle Distinktion, sondern um Anerkennung von Differenz zwecks Erhaltung und Markierung einer ethnischen, religiösen oder kulturellen Gruppenidentität. So wie Tocqueville der Theoretiker der Anerkennung individueller Identität war, ist Charles Taylor der Theoretiker einer kollektiven Anerkennung. Hintergrund seiner Theorie ist nicht die USA, sondern das multikulturelle Kanada, wo sich die ehemaligen englischen und französischen Kolonien über die Jahrhunderte in separate Staaten mit unterschiedlichen Sprachen, Geschichten, Traditionen und Selbstbildern entwickelten. Im Falle der Provinz Quebec mit ihrer französischen Minderheit führte die Einbettung in eine anglophone kanadische und US-amerikanische Mehrheit zu einer starken Motivation, die eigene Geschichte und Orientierung nicht aufzugeben. In seinem Buch *The Malaise of Modernity* (1991) hat Taylor das moderne Ideal und Leitbild des grenzenlosen Individuums als unvollständig und problematisch kritisiert, weil es Dimensionen menschlicher Identität negiert, die jenseits des Selbst liegen. In einem weiteren Buch mit dem Titel *Modernity, Freedom and Community* (2003) hat er die Werte der Gemeinschaft und Solidarität als notwendige Elemente einer liberalen Demokratie geltend gemacht. Diese Gedanken über die blinden Flecken der liberalen Demokratie hat er in seinem einflussreichen Essay über die *Politik der Anerkennung* weiter ausgearbeitet.[78] Darin betont Taylor dass »Aberkennung (misrecognition), entweder durch Diskriminierung oder durch institutionelle Exklusion als eine eklatante Form sozialen Unrechts anzusehen ist, die das demokratische Versprechen der Gleichheit verletzt.« Und er fährt fort, »dass Gesellschaft und Staat deshalb eine moralische Pflicht haben, institutionelle Formen der Ausgrenzung zu beseitigen und Bedingungen zu schaffen, die die gleiche Anerkennung aller Mitglieder der Gesellschaft erlauben«.[79]

Taylors Konzept einer »kollektiven Identität« ist ein ethisches. Es stützt sich auf westliche Philosophie und das Menschenrecht, einer kulturellen Gruppe anzugehören. Gruppenzugehörigkeit muss nicht, kann aber ein definierendes Identitätsmerkmal sein. Der Anspruch auf Anerkennung einer kollektiven Identität wird oft mit dem pejorativen Begriff der »Identitätspolitik« gleichgesetzt. Deshalb müssen wir hier zwischen zwei Kontexten unterscheiden, in denen dieser Anspruch auftaucht. Im einen Fall geht es um einen multikulturellen Kontext, in dem eine Minderheitenkultur von einer Mehrheitsgesellschaft anerkannt werden soll. Dabei fällt die Anerkennung kultureller Differenz unter das Stichwort des Schutzes von ethnischen oder kulturellen

78 Charles Taylor, »The Politics of Recognition«, in: Amy Gutman (Hg.), Multiculturalism. Examining the Politics of Recognition, Princeton 1994, 25–73; 25.

79 Ibd., 26.

Minderheiten. Dieser Anspruch entspricht einem Grundrecht und ist Teil einer rechtsstaatlichen Verfassung.

Neben kulturellen Minderheiten, die einen starken und stolzen Sinn für ihre Tradition und ihr Erbe entwickeln, gibt es andere, die solche Ressourcen entbehren, weil sie ihnen verweigert, entrissen und zerschlagen worden sind. Anerkennung bezieht sich hier nicht mehr auf kulturelle Besonderheiten und andere positive Merkmale der Differenz, sondern auf ein historisches Unrecht und einen Verlust, der der Anerkennung und Kompensation bedarf. Für dieses Geschichtstrauma hat Dipesh Chakrabarty den Begriff der »historischen Wunden« eingeführt. Er knüpft dabei an Charles Taylors Beschreibung der Folgen einer Geschichte der Aberkennung an: »Aberkennung (misrecognition) ist nicht nur ein Mangel an nötigem Respekt. Sie kann den Opfern eine schwere Wunde zufügen und sie mit einem destruktiven Selbsthass zurücklassen.« In seinem Essay *Geschichte und Politik der Anerkennung*[80] geht Dipesh Chakrabarty auf die Langzeitfolgen der Gewalt ein, der Menschen durch repressive Regime wie Sklaverei, Kolonialismus, Apartheid und Rassentrennung ausgesetzt sind. In solchen Staaten sind Demütigungen und Aggressionen Teil einer »normativen Gewalt« (Judith Butler), für die sich diejenigen, die sie ausüben, nicht rechtfertigen oder verantworten müssen, weil sie aufgrund der ungleichen Machtverhältnisse und des mangelnden Rechtsbewusstseins gar nicht als Vergehen eingestuft werden. Seit

80 Dipesh Chakrabarty, »History and the Politics of Recognition«, in: Keith Jenkins et al. (Hg.), Manifestos for History, London 2007, 77–87; 77.

den achtziger Jahren wurden solche historischen Wunden vermehrt wahrgenommen, als die imperialen Grundlagen der Ausbreitung des Christentums, der Kolonialgeschichte sowie des Antisemitismus und Rassismus zum Gegenstand der Forschung und Erinnerung wurden. Der Holocaust erscheint in dieser Geschichte der über lange Zeiträume ausgegrenzten Minderheiten und ihrer historischen Wunden nicht als ein absolutes Novum, sondern vielmehr als die unüberbietbare Steigerung aller destruktiver Tendenzen einer langen Geschichte der Aberkennung.

Anerkennung und Achtung (Respekt) liegen nahe beieinander, sind aber keineswegs gleichbedeutend. Der Begriff Anerkennung gehört ins Repertoire anthropologischer Grundlagen, weil er bezeichnet, was alle Menschen sich wünschen und brauchen, um ein tragendes Selbstbild aufzubauen, was sie sich also gegenseitig schulden, aber eben auch verweigern. Anerkennung, wie wir gesehen haben, wird Individuen ebenso wie Gruppen entgegengebracht und richtet sich auf Verdienste und Leistungen genauso wie auf das Gegenteil, nämlich Verbrechen und historische Wunden. Am Leitfaden des Begriffs »Respekt« lässt sich der tiefgreifende historische Wandel in der Praxis und Politik der Anerkennung besser verstehen.

RESPEKT

Wie der Begriff »Höflichkeit« hat auch der Begriff »Respekt« eine lange Geschichte. Er ist über Jahrhunderte, ja Jahrtausende, in verschiedenen historischen Kontexten erprobt und etabliert worden. Wie ist er von diesen Anfängen zu seiner heutigen Bedeutung der »interkulturellen Höflichkeit« gekommen? Welche Elemente hat der Begriff aus seiner langen Geschichte mitgenommen, und welche hat er abgestreift und zurückgelassen?

Respekt geht auf das Wort »respicere« zurück, das wörtlich »zurückschauen« heißt. Respekt ist offensichtlich mit Rücksicht und Nachsicht, den Kardinaltugenden der Höflichkeit, eng verwandt. Wir müssen andere überhaupt erst einmal wahrnehmen, sehen und sie beachten, bevor wir auf sie Rücksicht nehmen können. Der Begriff »Respekt« deckt ein weites Spektrum von Haltungen ab. Er changiert in seinen Konnotationen zwischen affirmativer Bewunderung und Verehrung einerseits und Furcht und Ehrfurcht, Distanz und Zurückhaltung andererseits.

Der Begriff »Respekt« hat einen Vorgänger, den er heute immer häufiger ersetzt: »Toleranz«. »Toleranz« galt lange Zeit als eine der wichtigsten Errungenschaften der Aufklärung. Der einst so strahlende Begriff ist inzwischen im Kurs gefallen. Es sind vor allem zwei Defizite, die die heutige Kritik am Toleranzbegriff bestimmen:

1. Er strukturiert vertikale Beziehungen und affirmiert Hierarchien, weil er von oben nach unten gerichtet ist.
2. Er unterstreicht den passiven Charakter der Duldung,

des Ertragens, Hinnehmens und Aushaltenkönnens sowie das Ignorieren und die Indifferenz. Dem Begriff der »Toleranz« fehlt somit der aktive Anteil der positiven Anerkennung, der Würdigung des Anderen, die etwas mit der Affirmation von »Würde« zu tun hat.

Wir können aber auf Toleranz im Sinne von »dulden« und »ertragen« auf keinen Fall verzichten, denn es gibt weiterhin vieles, womit wir leben müssen, ohne es positiv anerkennen zu können. Neonazis zum Beispiel werden in einer Demokratie nicht respektiert, aber toleriert, solange sie nicht gegen die demokratische Grundordnung verstoßen. Wir dulden auch Pornografie ohne sie zu respektieren, aber wir dulden keine Kinderpornografie. In den letzten Jahren haben sich die Toleranzschwellen stark verschoben. Vieles, was frühere Gesellschaften selbstverständlich duldeten, wie Sklaverei, Kinderarbeit oder den Ausschluss der Frauen von Bildung und Wahlrecht, wird von uns nicht mehr hingenommen. Dasselbe gilt für Antisemitismus und andere Formen von Rassismus. Umgekehrt dulden wir heute nicht nur, sondern respektieren vieles, was frühere Gesellschaften moralisch ächteten und rechtlich verfolgten wie zum Beispiel Homosexualität. Einerseits ist das Duldungspotenzial der demokratischen Gesellschaft geschrumpft: Wir sind – was die Zurücksetzung, Ausbeutung und Bevormundung von Individuen und unmündigen Kindern, die Gewalt gegen Tiere und die Zerstörung von Umwelt angeht – sehr viel empfindlicher geworden. Andererseits ist das Duldungs- oder besser: Anerkennungspotenzial gewachsen: Wir sind – was das Durchsetzen und Ausleben von individuellen Lebensformen und sexuellen Praktiken angeht – sehr viel liberaler geworden.

Respekt ist nur möglich, weil Menschen sich voneinander unterscheiden. Sie unterscheiden sich ethnisch in Rassen und geografischer Verteilung, kulturell in Sprachen, Traditionen und religiösen Sinnwelten, sozial in Geschlecht, Klassen oder Schichten und individuell in physischer Konstitution, Charakter und Temperament, in Fähigkeiten und geistigen Gaben. Respekt setzt immer schon Grenzen, Unterschiede und Ungleichheit voraus. Er beseitigt sie nicht, er hebt sie nicht auf, er hebt sie zum Teil sogar hervor, tut das aber auf eine Weise, die eine Anerkennung von Gleichheit oder Haltung der Solidarität durch alle Unterschiede durchscheinen lässt.

VIER FORMEN VON RESPEKT

In seinen konkreten Ausprägungen und Kontexten kann Respekt sehr verschiedene Formen annehmen. Diese haben sich in unterschiedlichen historischen Kontexten ausgeprägt, sind aber in gewissen Schwundstufen in unserer Gesellschaft noch immer zu erkennen. Im Folgenden werden vier Formen von Respekt unterschieden und vorgestellt.

STATUSRESPEKT

Statusrespekt ist die vormoderne Variante des Respekts. Sie setzt eine hierarchisch strukturierte Gesellschaft voraus, in der Ungleichheit durch Zeichen der Anerkennung und

Achtung bestätigt, gestärkt und gestützt wird. Für eine solche Welt hatte Shakespeare Sympathien; er hat sie in einer Rede beschworen, die er in dem Stück *Troilus und Cressida* dem Odysseus in den Mund gelegt hat:

Take but degree away – untune that string,
And hark what discord follows (3,1)
(Nimm alle Rangunterschiede weg,
löse die Spannung der gestimmten Saite
und horch, welch Missklang folgt.)

Statusrespekt ist einseitig von unten nach oben gerichtet, er wird von den Unteren den Oberen entgegengebracht. In patriarchalischen Gesellschaften zum Beispiel hatten Kinder den Vätern solchen Respekt entgegenzubringen, der sich darin äußerte, dass sie bei Tisch schwiegen und warten mussten, bis sie angesprochen wurden. Institutionen und Bürokratien bringen »Respektspersonen« hervor, die man Kraft ihres Amtes zu respektieren hat. Durch Orden und Talare setzen sich Amtspersonen von anderen Menschen ab, womit sie ihre Respektwürdigkeit steigern. Angehörige der Achtundsechziger-Generation haben diesen Respekt zum Teil demonstrativ verweigert, zum Beispiel eine Gruppe von Hamburger Studenten, die beim feierlichen Einzug von akademischen Honoratioren an ihrer Universität ein Schild vorantrugen mit der Aufschrift: »Unter den Talaren Muff von 1000 Jahren«. Statusrespekt wird auch auf Altersgruppen ausgedehnt. In der Straßenbahn galt bis vor einiger Zeit die Sitte, dass Kinder und Jugendliche für ältere Fahrgäste ihren Sitzplatz räumen.

Moderne Demokratien haben Schwierigkeiten mit dem Statusrespekt, weil er Ungleichheit zwischen Menschen hervorhebt, affirmiert und stabilisiert. Deshalb haben sie, wie Alexis de Tocqueville am Beispiel der amerikanischen Demokratie als Erster beobachtet hat, eine andere Form des Respekts hervorgebracht, die Individuen nach ihren Fähigkeiten und ihren Handlungen unterscheidet. Der Leistungsrespekt affirmiert Unterschiede, die auf individuellen Leistungen beruhen, ohne damit soziale Ungleichheit zu forcieren. Leistungsrespekt ist ein wichtiges soziales Bindemittel, weil nie vorhersehbar ist, wer hier zum Empfänger und wer zum Spender von Respekt werden kann. In einer beliebten Fernsehshow zum Beispiel treten Kinder gegen arrivierte Künstler und Athleten an und überraschen das Publikum mit ihren unerwarteten Fähigkeiten. Menschen zollen anderen Menschen Respekt für das, was sie jeweils selbst nicht können und an anderen bewundern. Respektsbeziehungen gegenseitiger Anerkennung, Bewunderung, Freundschaft können ein Kollegium von Lehrern, eine Familie, ein Arbeitsteam, einen Freundeskreis zusammenbinden. Der Leistungsrespekt hat jedoch auch eine politische Dimension, denn moderne demokratische Gesellschaften beruhen auf dem Versprechen sozialer Mobilität und allgemeiner Aufstiegschancen durch Bildung und Leistung. Diese moderne Sozialutopie ist darauf gerichtet, stabile Hierarchien und starres Statusdenken grundsätzlich zu überwinden. Dieses Versprechen kann in der Realität jedoch nicht eingehalten werden. Soziale Ungleichheit stellt sich immer wieder her, nur wird sie durch das Mobilitäts- und Leistungsversprechen unsichtbar gemacht. Wie schon erwähnt handelt Arthur Millers Drama *Der Tod eines Handlungsreisenden* von dem Verfall dieses Leistungsrespekts, der schließlich die totale Demontage der Person zur Folge hat.

SOZIALER RESPEKT

Beim Leistungsrespekt geht es jeweils um ein Mehr, um einen Überschuss an Sein, Können oder Haben, der anerkannt und bewundert wird. Beim sozialen Respekt ist es genau umgekehrt; es geht um ein Weniger, das ausgeglichen wird. Denn mit dem universalen Aufstiegsversprechen aufgrund von individuellen Bildungs- und Leistungskriterien ist soziale Ungleichheit keineswegs aus der Welt geschafft. Sozialer Respekt hat seine Voraussetzung in real existierender sozialer Ungleichheit, die er ausgleichen möchte. Er verläuft in umgekehrter Richtung zum Statusrespekt in der Hierarchie von oben nach unten. Sozialer Respekt ist bemüht, Hierarchien abzubauen. Er geht von der modernen Prämisse der Menschenwürde und ihrer universalen Gleichheit aus. Diese Prämisse schafft die Ungleichheit von Menschen, die de facto in der Gesellschaft existiert, keineswegs ab, aber sie gleicht sie durch eine zwischenmenschliche Form der Würdigung und Anerkennung aus. Was nicht abgeschafft werden kann, soll damit erträglicher und menschlicher gemacht werden. Dieser Form des sozialen Respekts, den die Privilegiert(er)en den

Nicht-Privilegierten entgegenbringen, hat Richard Sennett ein Buch mit dem Titel: *Respekt in einer Welt der Ungleichheit* gewidmet. Hier macht er deutlich, dass der soziale Respekt eine Haltung ist, die auf die Menschenwürde der (nicht-privilegierten) Anderen gerichtet ist und nichts mit der christlichen Tugend der Nächstenliebe oder sozialer Wohltätigkeit zu tun hat. Sennetts Buch ist ein empirischer Beitrag zur Stadtsoziologie; er geht von der Situation seiner Mutter, einer alleinstehenden weißen Sozialarbeiterin, aus und beschreibt ihren Umgang mit schwarzen Bevölkerungsgruppen in einem Armenviertel Chicagos, in dem er selbst aufgewachsen ist. Sennett zitiert einen Satz aus Arthur Millers Drama, und zwar die Worte der Mrs. Lowman (nomen est omen), die sie einer herrschenden Tendenz der Missachtung entgegenstellt: »Wir schulden einander Aufmerksamkeit« (attention must be paid).

Das Wort »Aufmerksamkeit« als entscheidende Voraussetzung für sozialen Respekt ist inzwischen durch das Wort »Anerkennung« ersetzt worden, das sich, wie wir gesehen haben, zu einem Zentralbegriff für die Dynamik zwischenmenschlicher Beziehungen entwickelt hat. Die Blickrichtung ist beim Statusrespekt und bei sozialem Respekt deutlich unterschieden; im ersten Fall verläuft sie von unten nach oben, im zweiten Fall von oben nach unten. Diese Form der Aufmerksamkeit löst bestehende Hierarchien und Ungleichheiten nicht auf, macht sie aber auf den universalistischen Wert der Menschenwürde hin durchsichtig. Der soziale Respekt ignoriert Differenz, um Erniedrigung und Beschämung entgegenzuwirken. Trennende Merkmale (wie Rasse, körperliche Behinderung und Gebrechen, Bildungsdefizite etc.), an denen sich Formen der Herabstufung oder Ausgrenzung festmachen können, werden übersehen, indem von ihnen abgesehen wird. Sozialer Respekt ist damit das Gegenstück zur Diskriminierung und die Voraussetzung für den Abbau von politischer Ungleichheit.

Bei der Bürgerrechtsbewegung der Schwarzen in den USA in den fünfziger und sechziger Jahren zum Beispiel ging es um sozialen Respekt und Teilhabe, um Chancengleichheit und gesellschaftliche Integration. Das erforderte die Beseitigung von verfestigten Rangunterschieden und die Beendigung des Status als erniedrigte und unterdrückte Minderheit. Künstler und Intellektuelle wie Ralph Ellison, James Baldwin oder Martin Luther King suchten ihre kulturellen Wurzeln noch nicht in Afrika; sie forcierten kein kollektives Bewusstsein der Differenz, denn sie verstanden sich noch als patriotische Amerikaner, die ihren weißen Mitbürgern die Veruntreuung ihrer eigenen demokratischen Prinzipien vorhielten. Als notorisch Ausgegrenzte und verkannte Bürger des Landes forderten sie Anerkennung und volle Integration; sie wollten als vollwertige Mitbürger wahrgenommen werden mit ihrer Geschichte und mit ihren Träumen. Die »unsichtbar« gewordenen Schwarzen sollten wieder sichtbar gemacht werden, ohne dabei in die fatale Sichtbarkeit des Stereotyps zurückzufallen und das Klischee des fremden Anderen zu verstärken.[81]

81 Ralph Ellison, Invisible Man, New York 1952. Vgl. Pamela C. Scorzin, »Über das Unsichtbare im Sichtbaren. Szenographische Visualisierungsstrategien und moderne Identitätskonstruktionen am Beispiel von Jeff Walls »After ›Invisible Man‹ by Ralph Ellison, the Prologue«, in: IMAGE, Ausgabe 18, 7/2013, 73–98.

Die amerikanische Bürgerrechtsbewegung war ein Kampf um gleiche Rechte und *sozialen* Respekt und noch nicht, wie die schwarze Bewegung einige Jahre später, ein Kampf um *kulturellen* Respekt.

KULTURELLER RESPEKT

Eine ganz neue Form von Respekt ist in den letzten Jahrzehnten des 20. Jahrhunderts hinzugekommen: der kulturelle Respekt. Seine Grundlagen liegen im Prozess der Dekolonisierung, der in der zweiten Hälfte des 20. Jahrhunderts alle Gegenden der Welt erreicht hat. Darunter versteht man eine politische und geistige Bewegung, die die Frage der Unterdrückung und Ungleichheit von der Ebene des Sozialen auf die Ebene von Staaten und Kulturen verschiebt. Der Prozess der Dekolonisierung setzte den sozialen Kampf um Anerkennung und die emanzipatorische Forderung nach selbstbewusster (Wieder-)Sichtbarkeit des Anderen auf politischer Ebene fort. Während es beim sozialen Respekt um ein Ignorieren oder Beseitigen von Differenz ging – alle trennenden Merkmale waren im Sinne der Nicht-Diskriminierung aufzuheben oder abzuschaffen –, geht es beim kulturellen Respekt um das genaue Gegenteil: um die Bejahung und Anerkennung von Differenz und Fremdheit. Unterschiede werden dabei nicht mehr eingeebnet, sondern mit neuem Selbstbewusstsein hervorgekehrt.

Dekolonisierung ist ein politisches Programm, dessen Forderung darin besteht, aus dem Machtgefälle herauszutreten, das rassistische Regime wie Kolonialismus oder Sklaverei hervorgebracht haben. Das wichtigste Mittel des Erhalts dieses Machtgefälles war die von Edward Said in seinem Buch *Orientalism* beschriebene Praxis der Konstruktion kultureller Überlegenheit beziehungsweise Unterlegenheit (cultural othering[82]). Das bedeutet, dass auf der Basis eines Euro- oder Ethno-Zentrismus die jeweils andere Kultur exotisiert, dämonisiert, primitiviert oder auf andere Weise abgewertet und herabgestuft wurde. Diese Konstruktion der Beziehung zwischen dem Eigenen und dem Anderen war nicht nur eine in Mentalität und Habitus fest verankerte Weltanschauung, sie entsprach auch einer kalkulierten Strategie, die zur symbolischen Legitimation und Grundlage für eine Politik der Unterdrückung, Ausbeutung und Vernichtung eingesetzt wurde. Ebenso wie der langjährige Entzug von sozialem Respekt Emotionen der Wut und Ressentiments erzeugt, erzeugt der dauerhafte Entzug von kulturellem Respekt auf die Dauer Gefühle der Ohnmacht, Erniedrigung und Hass. Kultureller Respekt ist eine neuartige geistige Haltung und moralische Einstellung, die als Konsequenz und Einsicht aus dem Trauma der Kolonialisierung hervorgegangen ist – ganz entsprechend, wie der kulturelle Wert der Menschenwürde aus dem Trauma des Holocaust hervorgegangen ist. Kultureller Respekt ist der Versuch, die ehemaligen kolonialen Verhältnisse in solche der Achtung und Anerkennung umzukehren. Es geht darum, unterdrückten Völkern ihre

82 Edward Said, Orientalism. Western Conceptions of the Orient, London 1995; vgl. auch Ian Buruma und Avishai Margalit, Occidentalism. A Short History of Anti-Westernism, London 2005.

Kultur und Geschichte zurückzugeben, beziehungsweise diese aus den Spuren der Zerstörung wieder aufzubauen.

Auf einer anderen Ebene begründet kultureller Respekt inzwischen den Schutz für kulturelle Minderheiten. Zu diesem Thema hat Charles Taylor ein wichtiges Buch beigetragen: *Multiculturalism and The Politics of Recognition.*[83] Der Begriff »Multikulturalismus« kann allerdings auch in die Falle von Parallelgesellschaften führen. Außerdem hat er Gegner auf den Plan gerufen, die das eigene kulturelle Erbe vehement gegen äußere Einflüsse verteidigen. Sie setzten Multikulturalismus mit der Aufgabe eigener Werte gleich und sahen darin einen bedrohlichen Relativismus und die Untergrabung westlicher Kultur. Relativismus ist eine problematische Perspektive; sie kann in einem weiteren Schritt den Fundamentalismus auf den Plan rufen; dann führt die Dynamik – wie wir in vielen Kontexten destruktiv erfahren konnten – vom Kolonialismus über den Multikulturalismus zum Fundamentalismus.

MÖGLICHKEITEN UND GRENZEN DES RESPEKTS – VON KULTURELLER DIFFERENZ ZU RAHMENBEDINGUNGEN KULTURELLER KOEXISTENZ

Der Multikulturalismus hat den Euro- und Ethnozentrismus überwunden, aber er hat zugleich auch zu einer Relativierung von Werten geführt. Führt die Politik der Anerkennung in die Sackgasse des Relativismus? Bedeutet

83 Charles Taylor, Multiculturalism and »The Politics of Recognition«: an essay, Princeton 1992; s.o. 140–141.

Anerkennung des Anderen und Fremden die Aufgabe eigener Grundsätze, Werte, Traditionen? Angesichts der Gefahr der Auflösung eigener Traditionen und Werte kann das Verhältnis zur eigenen Kultur die Gestalt eines fundamentalistischen Bekenntnisses annehmen. Drohender Werteverlust kehrt sich dann um in Wertsteigerung, aus »kulturellen« Werten werden »religiöse« Werte, aus Kulturen werden Religionen. Im Westen ist in der Folge von Aufklärung und Säkularisierung das religiöse Bekenntnis als Anker der Identität immer weiter zurückgegangen und hat sich dabei immer stärker auf bestimmte »westliche Werte« verlagert. Die Religion des Westens ist nicht mehr das Christentum, sondern das Bekenntnis zu universalistischen Werten. Unter diesen Voraussetzungen droht ein »Kampf der Kulturen« beziehungsweise ein Konflikt zwischen der säkularisierten westlichen Kultur und dem Rest der Welt.

Aus dieser Sackgasse könnte eine begriffliche Unterscheidung herausführen, die zunächst einmal obsolet anmutet: »Kultur« und »Zivilisation«. Ich befreie diese Begriffe bewusst von ihrem Gepäck, mit dem sie sich in der deutschen Geschichte aufgeladen haben.[84] »Kultur« soll hier für das stehen, was Menschen voneinander unterscheidet. Diese Differenzen haben einen Anspruch darauf, affirmiert, an-

---

84 Dazu ausführlich Wolf Lepenies, Kultur und Politik. Deutsche Geschichten, München 2006. Lepenies führt in diesem Buch noch einmal die Geschichte des in Deutschland so prekären Verhältnisses von Kultur und Politik zwischen dem 18. und 20. Jahrhundert vor Augen, bei dem die Beziehung zur Kultur übersteigert und die zur Politik vernachlässigt wurde. Dass dieser deutsche Sonderweg spätestens in den neunziger Jahren beendet wurde, als die Kulturwissenschaften auf einen transnationalen Begriff von Kultur gegründet wurden, wird in diesem Buch nicht erwähnt.

erkannt und geachtet zu werden, denn sie sind eine unersetzliche Grundlage für kulturelle Identitäten. Wie Tiere in Biotopen, so leben Menschen in kulturellen Symbolsystemen; sie zu ignorieren, zu negieren oder gar zu zerstören hieße sozialen Zusammenhang, Orientierung und Sinn zu zerstören. Wie Sprachen sind kulturelle Symbolsysteme kollektive menschliche Schöpfungen. Jedes kulturelle Gedächtnis ist in langfristig gewachsenen Strukturen angereichert worden mit kumulierten Erfahrungen und individuellem Erfindungsgeist. Durch Interaktion mit immer neuen Generationen verändern und erneuern sich kulturelle Traditionen. Kultureller Respekt bezieht sich auf die Anerkennung von Kulturen als grundsätzlich gleichberechtigte Formationen, die nicht durch die Überheblichkeit politischer oder ökonomischer Unterdrückungssysteme wie Kolonialismus oder Globalisierung infrage gestellt werden dürfen.

Der Begriff »Zivilisation« kann demgegenüber für jene Werte und Praktiken stehen, auf die sich Menschen über ihre kulturellen Bindungen hinaus einigen können. Es handelt sich dabei um universalisierbare Grundwerte wie körperliche Integrität und Entwicklungsmöglichkeiten der Person unabhängig von Status und Geschlecht, die in der Prämisse der Würde des Menschen verankert sind. Die Entdeckung dieser Prämisse der Würde ist kein westliches Monopol; sie kann christlich oder aufklärerisch, aber auch auf der Basis anderer kultureller Semantiken begründet werden. Sie ist deshalb von diesen historischen Ursprüngen zu lösen und als ein Anspruch zu formulieren, den unterschiedliche Kulturen und Gesellschaften entwickeln oder sich zu eigen machen können. Dieser Wert der Menschenwürde ist nicht eo ipso universal; er gewinnt erst an universaler Bedeutung in der Form der Aushandlung und mühsamen Durchsetzung. Diese universalisierbaren Werte sind kein Eigentum westlicher Kultur, sondern ein gemeinsames, erst noch zu entwickelndes Menschheitserbe. Achille Mbembe sieht eine Möglichkeit dafür in der Praxis des Übersetzens. »Übersetzen« versteht er als den Prozess, »als die Eigentümer, die wir alle sind, mit der größtmöglichen Verantwortung eine Vielzahl von Positionen zu durchschreiten, aber in einem Verhältnis absoluter Freiheit und, wenn nötig, der Distanz. In diesem vom Übersetzen getragenen Prozess, in dem es auch zu Konflikten und Missverständnissen kommen kann, werden sich bestimmte Fragen von selbst lösen. Die Bedingungen, wenn schon nicht einer neuen Universalität, so zumindest einer Vorstellung einer Erde, die wir als eine allen gemeinsame Grundlage teilen, werden sich relativ deutlich herauskristallisieren.«[85]

Diese Vorstellung bildet die Rahmenbedingung für die Koexistenz von Kulturen überhaupt. Sie ist das, was Kulturen transzendiert und zugleich verortet und damit das, was ihr Zusammenleben in *einer* Welt ermöglicht.

In dieser Perspektive zeigen sich nun auch deutlicher die Grenzen des kulturellen Respekts. Dieser bezieht sich zwar auf die Anerkennung unhintergehbarer Differenzen zwischen den Kulturen, doch affirmiert er diese Unterschiede nur in dem Maße, wie sie vereinbar sind mit jenen durch Übersetzungsarbeit universalisierbaren Werten, die

85 Achille Mbembe, Politiques de l'inimitié, Paris 2006, 178, zit. nach Benedicte Savoy, Die Provenienz der Kultur, Berlin 2018, 59.

ich hier unter dem Stichwort »Zivilisation« zusammenfassen möchte. Dieser neue Begriff von »Zivilisation« besagt nichts anderes, als dass es diese Werte sind, die die Kulturen zivilisieren. Eine solch zivilisierende Wirkung kann von der Verbreitung und transkulturellen Verankerung der Menschenrechte ausgehen, die sich allerdings keineswegs so einfach ausbreiten wie der Strom von Bildern der Gewalt und Hassbotschaften durch die Kanäle des Internets. Gebraucht wird deshalb beides: die Anerkennung unterschiedlicher kultureller Ausprägungen und Ausdrucksformen einerseits und der alle Kulturen zivilisierende Prozess der Herausbildung transkultureller Werte als gemeinsamer Maßstab für Menschenwürde, friedliche Koexistenz und die Zukunft menschlichen Lebens auf der einen Erde.

3. EMPATHIE UND ÄHNLICHKEIT

Der Begriff »Empathie« ist Anfang des 20. Jahrhunderts in psychologischen Fachkreisen aufgetaucht, wo er den Begriff der »Einfühlung« ersetzte. Von einem großen öffentlichen Interesse an diesem Begriff oder gar einer Konjunktur kann allerdings keine Rede sein. Es gab zwar eine kontinuierliche Empathie-Forschung in der Psychologie und Soziobiologie, doch kann man sagen, dass der Begriff zu Beginn des 21. Jahrhunderts für die Öffentlichkeit noch einmal neu erfunden wurde. Der Grund dafür waren neue bildgebende Verfahren der Neurowissenschaften, die es erlaubten, Hirnaktivität nicht nur zu messen, sondern auch in vivo zu beobachten. Unter diesen neuen Voraussetzungen hat sich ein interdisziplinäres Forschungsfeld von großer Ausstrahlung entwickelt, in dem sich inzwischen Natur-, Sozial-, Geistes- und Humanwissenschaftler tummeln und gemeinsame Fragen und Zusammenhänge entdecken.

Das Thema Empathie, das akute Fragen nach der Bedeutung und Funktion pro-sozialer Emotionen aufwirft, hat auch Einfluss auf die Konstruktion unseres Menschenbilds im Allgemeinen. Wie bei der Anthropologie der Anerkennung, die auf der Wechselseitigkeit von Beziehungen zwischen dem Selbst und dem Anderen beruht, bestätigt auch die menschliche Fähigkeit der Empathie die zentrale Bedeutung zwischenmenschlicher Beziehungen und zeigt die Grenzen einer Philosophie des autonomen und selbstzentrierten Ich auf.

Der Begriff Empathie ersetzt die älteren Begriffe der »Sympathie« und des (christlich oder anderweitig kulturell geprägten) »Mitleids« und stellt die Beziehungen zwischen dem Selbst und dem Anderen auf eine neue empirische Grundlage. Hilfreich ist dabei die Unterscheidung zwischen mimetischer, emotionaler und kognitiver Empathie. Mimetische Empathie ist das, was bereits Säuglinge besitzen, die auf das Schreien anderer Babys mit Schreien und auf das Lachen anderer Babys mit Lachen reagieren. Emotionale Empathie entwickeln Kinder im zweiten und dritten Lebensjahr, wenn sie lernen, auf die Gefühle anderer zu reagieren. Doris Bischof-Köhler ist die Entdeckerin dieser folgenreichen Schwelle. In ihrem Laborversuch hat sie Kleinkinder mit der gespielten Trauer einer Erzieherin konfrontiert, die sich über einen kaputten Teddybär beugt. Die älteren Kinder reagierten irritiert, hilflos oder einfallsreich auf diese Situation und signalisierten dabei, dass sie die Trauer der Anderen affizierte. Die jüngeren Kinder dagegen setzten ihr Spiel ungerührt fort; sie wurden von keinem Gefühlsstrahl getroffen. Bischof-Köhler hat zudem nachgewiesen, dass die Fähigkeit zur Empathie mit der Fähigkeit einhergeht, sich selbst im Spiegelbild zu erkennen. Die Festigung eines Selbstbilds geht also von Anfang an mit der Empfänglichkeit für die Gefühle anderer zusammen.

Kognitive Empathie ist ein anderer Ausdruck für das, was in der Forschung auch »theory of mind« genannt wird. Diese Empathie besteht in der besonderen Fähigkeit von Menschen, sich in die Köpfe ihrer Artgenossen hineinzuversetzen und deren Gedanken weiterzudenken, ihre Reaktionen zu antizipieren und sich auf ihre Absichten und Aktivitäten einzustellen. Ohne Empathie, so der wissenschaftliche Konsens, könnten Menschen ihr Gehirnvolumen nicht vergrößern, keine gemeinsamen Projekte starten und auch ihr kulturelles Erbe gar nicht nutzen. Der Evolutionsbiologe Michael Tomasello ist davon überzeugt, dass die exklusive Fähigkeit der Menschen, ihre gegenseitigen Absichten und Ziele so gut zu verstehen, es ihnen erlaubte, komplexe Tätigkeiten zu koordinieren und damit einen Sprung in der Evolution zu machen, der anderen Arten vorenthalten ist.[86]

Kognitive und emotionale Empathie verbinden sich in der sozialen Empathie. In diesem neuen experimentellen Forschungszweig geht es weniger um die Frage, warum egoistische Menschen altruistisch handeln, als um den Nachweis, dass genetische und kulturelle Evolution zusammen eine Spezies hervorgebracht haben, in der viele Mitglieder sich ethischen Normen verschreiben und bereit sind, Fremden zu helfen. Wissenschaftler betonen zudem, dass es diese Fähigkeit zur Kooperation war, die über Tausende von Generationen hinweg menschliches Überleben gesichert hat.[87]

Nachdem Neurowissenschaftler die pro-sozialen Emotionen der Empathie entdeckt und als den wichtigsten Motor für kognitive und soziale Evolution identifiziert haben, werden aus diesen neuen Einsichten auch Schlussfolgerungen für die Zukunft gezogen. In seinem Bestseller

---

86 Michael Tomasello, Warum wir kooperieren, Berlin 2010.

87 Samuel Bowles und Herbert Gintis, A Cooperative Species. Human Reciprocity and Its Evolution, Princeton 2013.

Die empathische Zivilisation empfiehlt Jeremy Rifkin der amerikanischen Gesellschaft zum Beispiel, die egoistische Vision des Amerikanischen Traums gegen ein neues kollektives Selbstbild auszutauschen und durch das Leitbild einer »empathischen Gesellschaft« zu ersetzen.[88] Er erklärt in seinem Buch das Ende der Ära eines ungezügelten kompetitiven Individualismus und präsentiert Empathie als universale neurobiologische Ressource in einer Welt, die sich auf die Herausforderungen der Globalisierung und eines gefährdeten Ökosystems einstellen muss.

GRENZEN UND GRADIERUNG DER EMPATHIE

So beeindruckend die Potenziale der Empathie sind, so wenig dürfen wir ihre Grenzen übersehen. Pro-soziale Fähigkeiten werden nicht immer für soziale oder ethische Zwecke eingesetzt. Menschen können die Einfühlung in den Anderen immer auch zu destruktiven Zwecken nutzen. Iago zum Beispiel, der in Shakespeares *Othello* den Titelhelden besser kennt als der sich selbst, verfügt über eine außergewöhnlich subtile Einfühlung in dessen Charakter, die er nützt, um seinen General zu zerstören. Entsprechendes könnte auch für das Verhältnis zwischen Folterer und Gefoltertem gelten, wie es George Orwell in seinem Roman *1984* beschrieben hat. Die Perversion der Empathie ist auch ein Teil ihrer Geschichte.[89]

---

88 Jeremy Rifkin, Die empathische Zivilisation: Wege zu einem globalen Bewusstsein, Frankfurt a. M. 2010.

89 Fritz Breithaupt, »Empathy for Empathy's Sake: Aesthetics and Every-

Zu den komplexen Mechanismen und Voraussetzungen der Empathie gehört ferner, dass Menschen die Zirkulation warmen Mitgefühls jederzeit unterbrechen und auf kalte Gleichgültigkeit umschalten können. Besonders in Situationen, in denen Gefühle der Unsicherheit, Angst und Bedrohung aufkommen, kann Empathie leicht in Fremdenhass umschlagen. Empathie mag eine allgemein menschliche Emotion sein, die bereits Kleinkinder besitzen und die auf der ganzen Welt praktiziert wird, aber sie ist keinesfalls eine verlässliche und vorhersehbare Reaktion im Repertoire menschlicher Interaktion. Wir dürfen diesen prekären Status der Empathie, ihre Unzuverlässigkeit und Verweigerung in verschiedenen Formen der Indifferenz und Abwehr nicht vergessen. Diese »forms of denial«, wie Stanley Cohen sie nennt, machen die Rückseite der Empathie aus und gehören zum selben psychischen Komplex.[90]

Empathie ist keine stabile Ressource. Sie ist ein dünnes Band, das leicht zerreißt, wobei Vertrautheit plötzlich in Fremdheit umschlagen kann. Sie ist immer auf Imagination angewiesen, aber diese muss entwickelt und kultiviert werden, wenn sie eine ethische Dimension gewinnen soll. Aber Empathie ist auch steigerbar und entwicklungsfähig. An einem anderen Ort habe ich ein Stufenmodell der Empathie vorgeschlagen:[91]

day Empathic Sadism«, in: Aleida Assmann und Ines Detmers (Hgg.), Empathy and its Limits, Basingstoke 2016, 151–165.

90 Stanley Cohen, States of Denial. Knowing about Atrocities and Suffering, Cambridge 2001.

91 Aleida Assmann und Ines Detmers, Empathy and its Limits, 7.

1. emotionale Ansteckung
2. das Verstehen anderer durch ein Verständnis ihrer Handlungen und Absichten (theory of mind)
3. das Fühlen *wie andere* durch imaginative Identifikation oder Projektion (Sympathie)
4. das Fühlen *mit anderen* durch Übernahme ihrer Perspektive
5. das Fühlen *für andere* durch Übernahme ihrer Perspektive in den eigenen Verantwortungshorizont
6. das Fühlen *für andere* durch einen Bezug der Ähnlichkeit über soziale Grenzen und kulturelle Differenz hinweg.

Umso wichtiger ist es deshalb, Empathie zu trainieren und zu kultivieren. Dafür kommt gerade auch die Literatur in Frage, die für ein solches Empathietraining viel zu bieten hat. Sie ist das größte Labor für die Konstruktion von Selbst- und Fremdbildern und erfindet immer neue Szenarien, in denen unser Umgang mit Anderen und Fremden unter geschützten Bedingungen ausgetestet, gefördert und empathisch erweitert wird. Die wichtigste Ressource ist dabei die Imagination, auf der Literatur ebenso wie Empathie aufbauen. Komplexe Erzählungen ermöglichen Identifikation und Empathie über eingefahrene Grenzen hinweg und stoßen immer aufs Neue ein vitales Interesse an den Lebensgeschichten Anderer an.[92] Dasselbe gilt für

92 Fritz Breithaupt, Kulturen der Empathie, Frankfurt a. M. 2009. Auch Dominik LaCapra betont die Rolle der Imagination als eine wichtige Ressource. Mit seinem Begriff »empathetic unsettlement« verweist er auf die affektive Reaktion, die von der Anteilnahme am Trauma der

bestimmte Filme, die Alison Landsberg als eine besondere Schule der Empathie untersucht hat. Empathie wird inzwischen als eine allgemeinmenschliche Gabe anerkannt, aber es ist noch keineswegs geklärt, unter welchen Bedingungen sie befördert oder eingeschränkt wird. Daraus ergeben sich weitere Fragen: Warum bringen die Zuschauer im einen Fall ein Übermaß an Empathie auf und stoßen im anderen Fall an eine Schranke ihres Vorstellungs- und Einfühlungsvermögens? Wie genderspezifisch ist Empathie; sind Frauen empathischer als Männer? Gibt es unterschiedliche Kulturen der Empathie? Was ist teilbar, und was nicht? Und in welcher Weise wird Empathie durch Fragen der Identität gesteuert? Auf alle Fälle bedarf die imaginative, emotionale und moralische Investition der Zuschauerinnen und Zuschauer in fiktionale Werke besonderer Aufmerksamkeit, denn dieses lebendige Band verknüpft die jeweils dargestellte Handlung mit der gegenwärtigen Welt und ihren zeitgenössischen Fragen, Werten und Problemen.

Nachdem die Moderne die Figur des unbeteiligten und neutralen Beobachters erfunden hat, scheint unser Zeitalter die Figur des empathischen Subjekts (wieder-)entdeckt zu haben. Im globalen Dorf sind die Menschen zwar nicht automatisch zu Weltbürgern geworden, wie es Niklas Luhmann oder Ulrich Beck vorhergesagt haben, aber doch in neue Formen der Nachbarschaft zueinander geraten. Während frühere Gesellschaftstheorien auf Kommunikation als das wichtigste Medium sozialen Zusammenhalts bauten,

---

anderen ausgeht. Dominik LaCapra, Writing History, Writing Trauma, Baltimore 2001.

wird nun Empathie als Voraussetzung für menschliche Beziehungen und Bindungen ins Spiel gebracht.

ÄHNLICHKEIT

Der menschliche Geist ist in der Lage, Ähnlichkeit herzustellen und dabei Differenzen zu ignorieren, um zu sinnvollen Kategorien und Ordnungssystemen zu kommen. Manche Ähnlichkeiten, so Walter Benjamin, treten nur vorübergehend in Erscheinung. »Ihre Erzeugung durch den Menschen ist – ebenso wie ihre Wahrnehmung durch ihn – in vielen und zumal den wichtigen Fällen an ein Aufblitzen gebunden. Sie huscht vorbei.«[93] Ähnlichkeit ist immer von Differenz durchzogen und umgeben. Sie kann jenseits dieser Dialektik gar nicht thematisiert werden, wie bei dem optischen Spiel von Figur und Grund, wo man entweder den Vordergrund oder den Hintergrund, aber nie auf beides gleichzeitig fokussieren kann. Ähnliches wird immer nur durch Einklammerung von Unterschieden wahrgenommen und Unterschiede wiederum werden erst durch die Einklammerung von Ähnlichkeiten manifest. Ähnlichkeiten und Differenzen entstehen also in einem fließenden Feld der Erscheinungen durch unterschiedliche Formen des Sehens und Selektionsprozesse in der Zusammenstellung relevanter Merkmale, die mal so, mal so sortiert werden können.

93 Walter Benjamin, »Über das mimetische Vermögen«, in: Rolf Tiedemann und Hermann Schweppenhäuser (Hgg.), Gesammelte Schriften, II,1. Frankfurt a. M. 1977, 213.

Diese grundsätzliche Möglichkeit des Umperspektivierens und diese situationsabhängige Entdeckung von Ähnlichkeiten können unsere kognitiven Karten, mit denen wir uns orientieren, immer wieder in Bewegung versetzen und dabei produktive kognitive oder emotionale Verschiebungen auslösen. Besonders entscheidend ist das bei der Anerkennung einer Ähnlichkeit des Menschseins durch alle festen Zuschreibungen und trennenden Differenzmarkierungen hindurch. Die unvorhersehbare Anerkennung dieser momentanen und punktuellen Gemeinsamkeit im Verschiedenen macht den ethischen Charakter dieser Ähnlichkeitsbezeugung aus. Sie hebt die existierenden Unterschiede in keiner Weise auf, ermöglicht aber neue Formen der Kommunikation über bestehende Barrieren hinweg. Dabei erweitert sie den Blick über die von Kulturen, Klassen und Gruppen gezogenen Schranken und Identitätsgrenzen hinaus. Die Entdeckung solcher unvermuteter Ähnlichkeiten setzt pragmatisch oder spielerisch den Druck der Differenz außer Kraft und ermöglicht paradoxe Handlungen, überraschende Interventionen und spontane Allianzen, die unerwartet Bewegung in das rigide Muster distanzierender und trennender Differenz bringen.

Die Ähnlichkeit, von der hier die Rede ist, wird ausschließlich performativ von konkreten Subjekten in einer situativen Handlung oder sozialen Interaktion wahrgenommen und in eine Reaktion oder Handlung umgesetzt. Der performative und situative Rahmen ist dabei ebenso entscheidend wie der transgressive Charakter dieser sich über kulturelle Grenzen und eingefleischte Selbstverständlichkeiten hinwegsetzenden Wahrnehmung von Ähnlichkeit. Differenz wird bei solchen Akten des Sich-anders-in-Beziehung-Setzens und des Brückenschlagens keineswegs negiert, aber zurückgestuft und Fremdheit abgebaut. Eine solche »Performanz der Ähnlichkeit« kann deshalb Auswege aus der Falle der Identitätspolitik öffnen, die auf der Basis dichotomischer Kategorien wie »fremd/eigen« oder »selbst/anderer« konstruiert wurde.

Ebenso wie Menschen die Möglichkeit haben, Mitmenschen als gleichartig zu erkennen, haben sie die Möglichkeit, ihnen diesen Status abzusprechen. All das ist eine Frage der sozialen und politischen Rahmen. Kriegerische Auseinandersetzungen wären gar nicht möglich, wenn man im anderen nicht den zu tötenden Feind, sondern den Nachbarn und Partner erkennen würde. Von dieser Möglichkeit, den Rahmen zu wechseln und den Schalter umzulegen, um den warmen Strom der Empathie zu blockieren, machen alle Kriege Gebrauch. Die kämpfenden Soldaten des Ersten Weltkriegs zeigten aber auch, dass man sich von diesem ultimativen Freund-Feind-Verhaltensmuster distanzieren und in kurzen Phasen verabschieden kann. Sie setzten Pausen eines befristeten Waffenstillstands durch, die sie mit gemeinsamen Weihnachtsfeiern und Fußballspielen füllten. Dieses Beispiel zeigt, dass der Rahmen der ultimativen Differenz kurzfristig aufgehoben werden kann, um einen Raum für friedliche Interaktionen zu schaffen.

In ihren Büchern über die Geschichte und den Gebrauch von Emotionen hat die Philosophin Martha Nussbaum kanonische westliche Texte zu diesem Thema herangezogen und gezeigt, dass in den Theorien des Mitleids von Aristoteles und Rousseau der Begriff der Ähnlichkeit eine wichtige Rolle spielt. Mitleid, darin waren sich beide Denker einig, setzt die Einsicht voraus, »dass man selbst Möglichkeiten der Verletzlichkeit in sich erkennt, die denen des Leidenden ähnlich sind«.[94] Diese Ähnlichkeit unterstützt das Gefühl, dass einem dasselbe auch passieren könnte. Dieses verbindende Gefühl der Betroffenheit beruht auf der Bereitschaft, Ähnlichkeiten zwischen sich selbst und dem anderen zu sehen.

Wenn das so ist, gilt allerdings auch das Umgekehrte, dass nämlich die Voraussetzung der Ähnlichkeit die Gruppe der potenziellen Empathie-Kandidaten signifikant einschränkt. Nussbaum bestätigt, dass die Möglichkeit eines universalen Empathie-Flusses in der Realität durch alle möglichen künstlichen Schranken begrenzt wird: die »der Klasse, der Religion, der Ethnizität, des Geschlechts, der sexuellen Orientierung – sie erweisen sich als widerspenstig gegenüber der Imagination und diese Unfähigkeit zur Vorstellung verhindert die Emotion«.[95] Wenn Empathie tatsächlich nur auf der Basis kulturell vorgegebener Ähnlichkeiten entstehen kann, dann ist ihr Aktionsbereich von allen Seiten stark eingeschränkt.

94 Martha Nussbaum, Upheavals of Thought. The Intelligence of Emotions, Princeton 2001, 317.

95 Ibd.

Erfahrungen in der Wirklichkeit sind durch innere Bilder vorgeprägt. Deshalb sind kulturelle Narrative und fiktionale Erzählungen grundlegend für die Konditionierung von Empathie. Auf der einen Seite bedeutet dies, dass Menschen durch ihre Kultur und Umgebung immer schon einer emotionalen Konditionierung ausgesetzt waren, auf der anderen Seite aber auch, dass diese Prägungen nicht dauerhaft fixiert sein müssen und durch neuen Input auch Wandlungen durchmachen können. Menschen haben die Neigung, den Empathie-Fluss in dem Moment automatisch abzustellen, wo sie in Filmen oder Büchern Zeichen der Unähnlichkeit erkennen. Diese automatischen Steuerungen sind eine Sache der emotionalen Konditionierung, die kulturell tief verankert ist, weil sie durch innere Bilder gelenkt und durch Narrative eingeübt wird. Ein Narrativ ist ja weit mehr als die thematische Konstruktion einer Erzählung; es ist zugleich auch »eine fundamentale Art, menschliche Erfahrung und Wissen zu organisieren«.[96] Narrative modellieren obendrein das Gefüge der Emotionen. Die Rezipienten verfolgen die Handlung eines Romans oder Films, indem sie beständig und unbewusst die Figuren auf die Frage empathiefähig?/nicht empathiefähig? abfragen.

Im Hollywoodfilm zum Beispiel gibt es erstaunlich robuste Regeln für diese emotionale Leitdifferenz. Sobald auch nur ein Schatten auf den Charakter einer Figur fällt, hört sie schlagartig auf, uns ähnlich zu sein und kann zum Abschuss (im wörtlichen Sinne) freigegeben werden. Die

96 Birgit Neumann und Ansgar Nünning, An Introduction to the Study of Narrative Fiction, Stuttgart 2008, 8.

Person im Film kann abgeknallt werden, unter die Räder kommen, sich eine schwere Krankheit zuziehen oder einen Abhang hinabstürzen, ohne dass ein Kinobesucher ihm oder ihr eine Träne nachweint. Denn Empathie, die Gefühle, mit denen wir eine Figur unterstützen, die dem Betrachter also Mitgefühl oder Identifikation abverlangen, sind genauso wichtig für den Mitvollzug eines Narrativs wie die Empathie-Blockade, die ebenfalls zuverlässig anspringt und die negativen Figuren folgenlos aus der Handlung herausfallen lässt. Sie sind, um es mit Judith Butler zu sagen, nicht »grievable«, also keine Kandidaten für die Investition von Mitleid, Schmerz und Trauer.[97]

In solchen Narrativen ist Empathie als ein Reflex wirksam, der keiner Reflexion zugänglich ist. Es handelt sich dabei nämlich nicht um individuelle Entscheidungen der Zuschauer, sondern um die Umsetzung eines Gattungswissens, das Menschen kulturell erlernt haben und über unterschiedliche Narrative miteinander teilen. Das aufgrund kultureller Sozialisation tief verinnerlichte Wissen kann gleichförmig abgerufen werden, indem alle auf die emotionalen Impulse der jeweiligen Erzählung »korrekt« antworten. Die Logik dieses Automatismus wird durch die Differenz ähnlich/unähnlich gesteuert. Wer uns ähnlich ist, verdient unsere Sympathie und unser Mitgefühl, wer uns unähnlich, und das heißt: fremd ist, verdient den Entzug von Mitgefühl. Die Narrative der Massenkultur sind heute zwar nicht mehr nach streng moralischen Regeln aufgebaut, aber ihr Empathie-Regime ist kaum weniger rigoros.

97 Judith Butler, Frames of War: When is Life Grievable? Brooklyn, NY 2009.

In der Tat ist Empathie immer selektiv. Man ist empathisch gegenüber Menschengruppen, mit denen man sich identifizieren kann und mitzufühlen gelernt hat. Wenn Gruppen jedoch durch jahrtausendealte Traditionen, Stereotypen und Propaganda systematisch als so unähnlich wie möglich dargestellt und dabei Züge betont werden, die das Band gemeinsamen Menschseins zerschneiden, können Gefühle anästhesiert und Empathie nachhaltig blockiert werden. Die nationalsozialistische Propaganda, die aus Juden nicht nur Feinde, sondern auch Fremdkörper und Ungeziefer gemacht hat, hat das Moment der Differenz bis ins Äußerste gesteigert, um Gefühle wie Gefahr und Bedrohung, Abscheu und Ekel zu erzeugen und in einem zuverlässigen Abwehrreflex zu verdichten. Im NS-Staat wurde diese Haltung bereits den Kindern in den ersten Schuljahren nahegebracht. »Die Juden sind unser Unglück«, stand in großen Buchstaben auf der Tafel. Solche Indoktrination zielte auf ein Feindbild, das jegliche Ähnlichkeiten zwischen dem Selbst und diesem typisierten Anderen ausschloss. Das Ergebnis war eine vollständige Empathie-Blockade, als die jüdischen Mitbürger in den dreißiger und vierziger Jahren aus Schulklassen, Orchestern, Universitäten und Nachbarhäusern verschwanden.[98]

Die Frage nach Ähnlichkeit und Differenz ist nie stabil. Sie kann von Situation zu Situation grundsätzlich immer wieder neu konstruiert und kalibriert werden. So wie Filme Gefühle propagandistisch manipulieren und Empathie blockieren können – das Paradebeispiel ist der Film

98 Aleida Assmann, »Looking Away in Nazi Germany«, in: Aleida Assmann und Ines Detmers, Empathy and its Limits, 128–148.

Jud Süß von Veit Harlan (1940), der bis heute aufgrund seiner problematischen emotionalen Ansteckungskraft in Deutschland nicht öffentlich gezeigt werden darf –, so können Medien auch das Gegenteil bewirken, indem sie Ähnlichkeiten aufzeigen und vorhandene Schwellen der Differenz abbauen. In einer viel beachteten Studie über die Struktur von Erinnerung in öffentlichen und globalen Medien hat Alison Landsberg die These vertreten, dass den Massenmedien unter den Bedingungen einer globalisierten Welt ganz neue Chancen zuwachsen.[99] Ihre einzigartige Macht bestehe nämlich darin, grundlegende Erfahrungen und historisches Wissen über die Schranken nationaler, rassischer, religiöser Schranken und anderer kollektiver Identitätsgrenzen hinweg zu kommunizieren. In ihrem Essay *Memory, Empathy and the Politics of Identification* hat Landsberg diese Frage weiter vertieft und damit auch die von Nussbaum gestellte Frage nach dem Verhältnis von Ähnlichkeit und Empathie wieder aufgenommen und weitergeführt. Sie untersucht bestimmte Filme auf ihr Potenzial, die Empathie des Zuschauers jenseits der vorgezeichneten und festgelegten Grenzziehungen von Ähnlichkeit und Differenz zu stimulieren. Tatsächlich können Filme im globalen Medienzeitalter die Kraft entfalten, Narrative so zu konstruieren und zu präsentieren, dass sie die Zuschauer dazu bringen, sich intellektuell und emotional auch auf Menschen und Gruppen einzulassen, die radikal anders sind als sie selbst. Landsberg macht hier einen wichtigen Unterschied zwischen Sympathie und Empathie. Wäh-

99 Alison Landsberg, Prosthetic Memory. The Transformation of American Remembrance in the Age of Mass Culture, New York 2004.

rend Sympathie »Ähnlichkeit, und somit eine im Voraus bestehende Affinität zwischen zwei Personen voraussetzt, wobei der eine die Gefühle des anderen teilt«, geht es bei der Empathie um eine wesentlich komplexere emotionale Ausrichtung, die Differenzen überspringt, ohne sie dabei aufzulösen. Die Empathie enthält nämlich zwei Elemente, die in der Sympathie nicht vorgesehen sind: Reflexion und Distanz. Empathie, so schreibt Landsberg, setzt Arbeit voraus und ist viel schwieriger zu erreichen als Sympathie. Bei Empathie geht es nämlich gerade auch um die Entwicklung von Mitgefühl für Menschen, die nicht Teil unserer Familie, unserer Freunde und unserer Gesellschaft sind, sondern für andere, zu denen wir keine Verbindung haben, die uns in keiner Weise ähnlich sind und deren Lebensumstände weit außerhalb unseres eigenen Gefühls- und Erfahrungsraums liegen.[100]

Unter solchen Voraussetzungen kann nach Landsberg das Kino in der globalisierten Massenkultur eine wichtige Schule der Empathie und ethischen Denkens werden. Am Beispiel einer Analyse des Films *Der Pianist* (2002) von Roman Polanski zeigt Landsberg, wie eine Empathie-Beziehung zu der Hauptfigur aufgebaut wird, »die nicht auf der Gleichheit oder Ähnlichkeit, sondern auf der Distanz und Differenz zwischen Betrachter und Figur besteht«. (225) Unter anderem durch die Setzung surrealer Zeichen in seiner Filmsprache stellt Polanski die abgründige Fremdheit seiner Hauptfigur heraus und signalisiert dabei die Unmög-

100 Alison Landsberg, »Memory, Empathy, and the Politics of Identification«, in: International Journal of Politics, Culture, and Society, 2009, Vol 22(2), 221–229; 223.

lichkeit einer auf Sympathie gegründeten Identifikation mit ihr. Genau darin, so Landsberg, bestehe das Projekt des Films: »Es zwingt uns, bei Wladyslaw zu bleiben und seine Humanität zu erkennen durch alle Entstellungen und Fremdheit hindurch.« (227) Das Kino, so verallgemeinert Landsberg ihre These, »könnte ein Übungsfeld werden für diese Art von Engagement, die komplexe, nicht-essenzielle Formen der Identifikation mit anderen hervorrufen kann, mit denen wir nichts teilen als unser gemeinsames Menschsein«. (228)

AUSBLICK

Dieses Buch handelt von der Kunst des sozialen Umgangs in einer Welt, die sich in den Wehen tiefgreifender Transformationen befindet. Während sich in Europa gerade die ehemals (relativ) homogenen Nationalstaaten auf dem Weg zu einer von Diversität geprägten Einwanderungsgesellschaft befinden, ereignet sich in postkolonialen Ländern wie Indien und Pakistan das Gegenteil, wo sich ehemals heterogene Staaten unter dem Druck von Fundamentalisten mit den Mitteln von Terror und Gewalt homogenisieren. Dass europäische Staaten die Herausforderung der Migration und Verwandlung in Einwanderungsländer bestehen müssen, während anderswo erneut »ethnische Säuberungen« und die Vertreibung unerwünschter Bevölkerungsgruppen Schlagzeilen machen, macht die Sache nicht einfacher.

Es gibt in dieser synchronen Geschichte von West und Ost zum Glück auch die Möglichkeit des Vergleichs und den Austausch von Erfahrungen. Anil Bhatti, ein Kollege von der Jawaharlal-Nehru-Universität New Delhi, hat sich einige Zeit an der Universität Konstanz aufgehalten, um uns mit seiner Weltsicht bekannt zu machen. Von ihm erfuhr ich, dass die Ära der »Differenz« abgelaufen sei und das Zeitalter der »Indifferenz gegenüber der Differenz« begonnen habe. Ich schließe diesen Band mit einigen Einsichten, die ich im Laufe unserer Gespräche von ihm gelernt habe.

Anil Bhatti hat uns aus Indien etwas mitgebracht, und das war das Konzept »Ähnlichkeit«, mit dem wir gemeinsam neue Wege des Denkens erproben sollten. »Das zerstörerische Gewaltpotenzial fundamentalistischer Bewegungen in Indien und Europa und die Notwendigkeit, neue Wege der Toleranzdiskussion und der Integrationspolitik in Migrationswelten zu finden, bilden den Hintergrund für die Aktualität des Themas ›Ähnlichkeit‹«.[101]

Die neuen komplexen, plurikulturellen Gesellschaften, die Bhatti von »multi-kulturellen Parallelgesellschaften« unterscheidet, haben hier wie dort die Aufgabe, sprachliche, religiöse oder kulturelle Differenz herunterzustufen und in Diversität zu verwandeln. Differenz ist ein Begriff, der gefährlich werden kann, wenn er verabsolutiert und sakralisiert wird. Deshalb muss er beschränkt und eingehegt werden in einem gemeinsamen Rahmen übergeordneter Prinzipien gegenseitigen Respekts und des friedlichen Zusammenlebens. Die auf diese Weise eingehegte und entdramatisierte Differenz wird zur Diversität.

Multikulturelle Parallelgesellschaften insistieren auf Differenz und stellen rigide Formen von Homogenität wieder her. Damit schaffen sie im Inneren der Gesellschaft gefährliche Außengrenzen. Plurikulturelle Gesellschaften sind demgegenüber auf Diversität ausgerichtet. Darunter ist eine kulturelle Verschiedenheit zu verstehen, die selbstverständlich gepflegt werden kann, ohne in die ostentative Geste einer permanenten symbolischen Grenzmarkierung auszuarten. Pluralisierung bedeutet nicht Relativierung

101 Anil Bhatti und Dorothee Kimmich (Hgg.), Ähnlichkeit. Ein kulturtheoretisches Paradigma. Konstanz 2015, 15f.

des Eigenen, sondern die Entdramatisierung der Differenz zwischen dem Fremden und dem Eigenen.

Bei dieser schwierigen Verwandlung von Differenz in Diversität bewährt sich das Ähnlichkeitsdenken als eine wichtige praktische Strategie. Mit diesem Denken kann man vom Trennen zum Teilen übergehen, ebenso wie gemeinsame historische Verflechtungen aufgreifen und vertiefen oder Zusammenhänge und Netzwerke betonen. Betont werden vor allem auch Überlappungen, um starre Dichotomien und kulturelle Hierarchisierungen aufzulösen sowie Übersetzungen, die aus partiellen Übereinstimmungen und partiellen Abweichungen bestehen. Indem dem »Recht auf Differenz« ein »Recht auf Ähnlichkeit« gegenübergestellt wird, können Trennungsmerkmale wieder in Unterscheidungsmerkmale zurückgestuft werden.

Es ist wichtiger, miteinander auszukommen, rät Bhatti, als einander zu verstehen. Indifferenz gegenüber der Differenz ist für ihn nicht zuletzt ein Gebot der Höflichkeit. »Diskretion und Höflichkeit werden zu wichtigen Parametern des gesellschaftlichen Umgangs und dies erlaubt uns auch, eine ethische Dimension in unser Alltagsleben zu bringen: Man ist zwar nicht ganz gleich, aber auch nicht ganz anders.« (26) Für Bhatti besteht der Grundsatz einer demokratischen, plurikulturellen Lebensform im Recht auf Ähnlichkeit und Solidarität. Dieser Grundsatz sollte nicht nur in Europa, Indien und Pakistan, sondern überall auf der Welt gelten.

TEXT-ANHANG

THOMAS DE MAIZIÈRES THESEN ZU EINER LEITKULTUR FÜR DEUTSCHLAND

1. Wir legen Wert auf einige soziale Gewohnheiten, nicht weil sie Inhalt, sondern weil sie Ausdruck einer bestimmten Haltung sind: Wir sagen unseren Namen. Wir geben uns zur Begrüßung die Hand. Bei Demonstrationen haben wir ein Vermummungsverbot. »Gesicht zeigen« – das ist Ausdruck unseres demokratischen Miteinanders. Im Alltag ist es für uns von Bedeutung, ob wir bei unseren Gesprächspartnern in ein freundliches oder ein trauriges Gesicht blicken. Wir sind eine offene Gesellschaft. Wir zeigen unser Gesicht. Wir sind nicht Burka.

2. Wir sehen Bildung und Erziehung als Wert und nicht allein als Instrument. Schüler lernen – manchmal zu ihrem Unverständnis – auch das, was sie im späteren Berufsleben wenig brauchen. Einige fordern daher, Schule solle stärker auf spätere Berufe vorbereiten. Das entspricht aber nicht unserem Verständnis von Bildung. Allgemeinbildung hat einen Wert für sich. Dieses Bewusstsein prägt unser Land.

3. Wir sehen Leistung als etwas an, auf das jeder Einzelne stolz sein kann. Überall: im Sport, in der Gesellschaft, in der Wissenschaft, in der Politik oder in der Wirtschaft. Wir fordern Leistung. Leistung und Qualität bringen Wohlstand. Der Leistungsgedanke hat unser Land stark gemacht. Wir leisten auch Hilfe, haben soziale Siche-

rungssysteme und bieten Menschen, die Hilfe brauchen, die Hilfe der Gesellschaft an. Als Land wollen wir uns das leisten und als Land können wir uns das leisten. Auch auf diese Leistung sind wir stolz.

4. Wir sind Erben unserer Geschichte mit all ihren Höhen und Tiefen. Unsere Vergangenheit prägt unsere Gegenwart und unsere Kultur. Wir sind Erben unserer deutschen Geschichte. Für uns ist sie ein Ringen um die Deutsche Einheit in Freiheit und Frieden mit unseren Nachbarn, das Zusammenwachsen der Länder zu einem föderalen Staat, das Ringen um Freiheit und das Bekenntnis zu den tiefsten Tiefen unserer Geschichte. Dazu gehört auch ein besonderes Verhältnis zum Existenzrecht Israels.

5. Wir sind Kulturnation. Kaum ein Land ist so geprägt von Kultur und Philosophie wie Deutschland. Deutschland hat großen Einfluss auf die kulturelle Entwicklung der ganzen Welt genommen. Bach und Goethe »gehören« der ganzen Welt und waren Deutsche. Wir haben unser eigenes Verständnis vom Stellenwert der Kultur in unserer Gesellschaft. Es ist selbstverständlich, dass bei einem politischen Festakt oder bei einem Schuljubiläum Musik gespielt wird. Bei der Eröffnung eines großen Konzerthauses sind – wie selbstverständlich – Bundespräsident, Vertreter aus Regierung, Parlament, Rechtsprechung und Gesellschaft vor Ort. Kaum ein Land hat zudem so viele Theater pro Einwohner wie Deutschland. Jeder Landkreis ist stolz auf seine Musikschule. Kultur in einem weiten Sinne, unser Blick darauf und das, was wir dafür tun, auch das gehört zu uns.

6. In unserem Land ist Religion Kitt und nicht Keil der Gesellschaft. Dafür stehen in unserem Land die Kirchen mit

ihrem unermüdlichen Einsatz für die Gesellschaft. Sie stehen für diesen Kitt – sie verbinden Menschen, nicht nur im Glauben, sondern auch im täglichen Leben, in Kitas und Schulen, in Altenheimen und aktiver Gemeindearbeit. Ein solcher Kitt für unsere Gesellschaft entsteht in der christlichen Kirche, in der Synagoge und in der Moschee. Wir erinnern in diesem Jahr an 500 Jahre Reformation. Für die Trennung der christlichen Kirchen hat Europa, hat Deutschland einen hohen Preis gezahlt. Mit Kriegen und jahrhundertelangen Auseinandersetzungen. Deutschland ist von einem besonderen Staat-Kirchen-Verhältnis geprägt. Unser Staat ist weltanschaulich neutral, aber den Kirchen und Religionsgemeinschaften freundlich zugewandt. Kirchliche Feiertage prägen den Rhythmus unserer Jahre. Kirchtürme prägen unsere Landschaft. Unser Land ist christlich geprägt. Wir leben im religiösen Frieden. Und die Grundlage dafür ist der unbedingte Vorrang des Rechts über alle religiösen Regeln im staatlichen und gesellschaftlichen Zusammenleben.

7. Wir haben in unserem Land eine Zivilkultur bei der Regelung von Konflikten. Der Kompromiss ist konstitutiv für die Demokratie und unser Land. Vielleicht sind wir stärker eine konsensorientierte Gesellschaft als andere Gesellschaften des Westens. Zum Mehrheitsprinzip gehört der Minderheitenschutz. Wir stören uns daran, dass da einiges ins Rutschen geraten ist. Für uns sind Respekt und Toleranz wichtig. Wir akzeptieren unterschiedliche Lebensformen und wer dies ablehnt, stellt sich außerhalb eines großen Konsenses. Gewalt wird weder bei Demonstrationen noch an anderer Stelle gesellschaftlich akzeptiert. Wir verknüpfen Vorstellungen von Ehre nicht mit Gewalt.

8. Wir sind aufgeklärte Patrioten. Ein aufgeklärter Patriot liebt sein Land und hasst nicht andere. Auch wir Deutschen können es sein. »Und weil wir dies Land verbessern, lieben und beschirmen wir's. Und das liebste mag's uns scheinen, so wie andern Völkern ihrs«, so heißt es in der Kinderhymne von Bert Brecht. Ja, wir hatten Probleme mit unserem Patriotismus. Mal wurde er zum Nationalismus, mal trauten sich viele nicht, sich zu Deutschland zu bekennen. All das ist vorbei, vor allem in der jüngeren Generation. Unsere Nationalfahne und unsere Nationalhymne sind selbstverständlicher Teil unseres Patriotismus: Einigkeit und Recht und Freiheit.

9. Unser Land hatte viele Zäsuren zu bewältigen. Einige davon waren mit Grundentscheidungen verbunden. Eine der wichtigsten lautet: Wir sind Teil des Westens. Kulturell, geistig und politisch. Die Nato schützt unsere Freiheit. Sie verbindet uns mit den USA, unserem wichtigsten außereuropäischen Freund und Partner. Als Deutsche sind wir immer auch Europäer. Deutsche Interessen sind oft am besten durch Europa zu vertreten und zu verwirklichen. Umgekehrt wird Europa ohne ein starkes Deutschland nicht gedeihen. Wir sind vielleicht das europäischste Land in Europa – kein Land hat mehr Nachbarn als Deutschland. Die geografische Mittellage hat uns über Jahrhunderte mit unseren Nachbarn geformt, früher im Schwierigen, jetzt im Guten. Das prägt unser Denken und unsere Politik.

10. Wir haben ein gemeinsames kollektives Gedächtnis für Orte und Erinnerungen. Das Brandenburger Tor und der 9. November sind zum Beispiel ein Teil solcher kollektiven Erinnerungen. Oder auch der Gewinn der Fußball-

weltmeisterschaften. Regionales kommt hinzu: Karneval, Volksfeste. Die heimatliche Verwurzelung, die Marktplätze unserer Städte. Die Verbundenheit mit Orten, Gerüchen und Traditionen. Landsmannschaftliche Mentalitäten, die am Klang der Sprache jeder erkennt, gehören zu uns und prägen unser Land.

Zeit online, 30. April 2017
www.zeit.de/politik/deutschland/2017-04/thomas-demaiziere-innenminister-leitkultur/

ALLGEMEINE ERKLÄRUNG DER MENSCHENPFLICHTEN DEN VEREINTEN NATIONEN UND DER WELTÖFFENTLICHKEIT ZUR DISKUSSION VORGELEGT VOM INTERACTION COUNCIL AM 2. OKTOBER 1997

PRÄAMBEL

Da die Anerkennung der allen Mitgliedern der menschlichen Familie innewohnenden Würde und der gleichen und unveräußerlichen Rechte die Grundlage für Freiheit, Gerechtigkeit und Frieden in der Welt ist und Pflichten oder Verantwortlichkeiten (responsibilities) einschließt, da das exklusive Bestehen auf Rechten Konflikt, Spaltung und endlosen Streit zur Folge haben und die Vernachlässigung der Menschenpflichten zu Gesetzlosigkeit und Chaos führen kann, da die Herrschaft des Rechts und die Förderung der Menschenrechte abhängen von der Bereitschaft von Männern wie Frauen, gerecht zu handeln, da globale Probleme globale Lösungen verlangen, was nur erreicht werden kann durch von allen Kulturen und Gesellschaften beachtete Ideen, Werte und Normen, da alle Menschen nach bestem Wissen und Vermögen eine Verantwortung haben, sowohl vor Ort als auch global eine bessere Gesellschaftsordnung zu fördern – ein Ziel, das mit Gesetzen, Vorschriften und Konventionen allein nicht erreicht werden kann, da menschliche Bestrebungen für Fortschritt und Verbesserung nur verwirklicht werden können durch übereinstimmende Werte und Maßstäbe, die jederzeit für alle Menschen und Institutionen gelten, deshalb verkündet die Generalversammlung der Vereinten Nationen diese allgemeine Erklärung der Menschenpflichten. Sie soll ein gemeinsamer Maßstab sein für alle Völker und Nationen, mit dem Ziel, daß jedes Individuum und jede gesellschaftliche Einrichtung, dieser Erklärung stets eingedenk, zum Fortschritt der Gemeinschaften und zur Aufklärung all ihrer Mitglieder beitragen mögen. Wir, die Völker der Erde, erneuern und verstärken hiermit die schon durch die Allgemeine Erklärung der Menschenrechte proklamierten Verpflichtungen: die volle Akzeptanz der Würde aller Menschen, ihrer unveräußerlichen Freiheit und Gleichheit und ihrer Solidarität untereinander. Bewußtsein und Akzeptanz dieser Pflichten sollen in der ganzen Welt gelehrt und gefördert werden.

FUNDAMENTALE PRINZIPIEN FÜR HUMANITÄT

Art. 1 Jede Person, gleich welchen Geschlechts, welcher ethnischen Herkunft, welchen sozialen Status, welcher politischen Überzeugung, welcher Sprache, welchen Alters, welcher Nationalität oder Religion, hat die Pflicht, alle Menschen menschlich zu behandeln.

Art. 2 Keine Person soll unmenschliches Verhalten, welcher Art auch immer, unterstützen, vielmehr haben alle Menschen die Pflicht, sich für die Würde und die Selbstachtung aller anderen Menschen einzusetzen.

Art. 3 Keine Person, keine Gruppe oder Organisation, kein Staat, keine Armee oder Polizei steht jenseits von Gut und Böse sie alle unterstehen moralischen Maßstäben. Jeder Mensch hat die Pflicht, unter allen Umständen Gutes zu fördern und Böses zu meiden.

Art. 4 Alle Menschen, begabt mit Vernunft und Gewissen, müssen im Geist der Solidarität Verantwortung übernehmen gegenüber jedem und allen, Familien und Gemeinschaften, Rassen, Nationen und Religionen: Was du nicht willst, das man dir tu, das füg auch keinem andern zu.

GEWALTLOSIGKEIT UND ACHTUNG VOR DEM LEBEN

Art. 5 Jede Person hat die Pflicht, Leben zu achten. Niemand hat das Recht, eine andere menschliche Person zu verletzen, zu foltern oder zu töten. Dies schließt das Recht auf gerechtfertigte Selbstverteidigung von Individuen und Gemeinschaften nicht aus.

Art. 6 Streitigkeiten zwischen Staaten, Gruppen oder Individuen sollen ohne Gewalt ausgetragen werden. Keine Regierung darf Akte des Völkermords oder des Terrorismus tolerieren oder sich daran beteiligen, noch darf sie Frauen, Kinder oder irgendwelche anderen zivilen Personen als Mittel zur Kriegsführung mißbrauchen. Jeder Bürger und öffentliche Verantwortungsträger hat die Pflicht, auf friedliche, gewaltfreie Weise zu handeln.

Art. 7 Jede Person ist unendlich kostbar und muß unbedingt geschützt werden. Schutz verlangen auch die Tiere und die natürliche Umwelt. Alle Menschen haben die Pflicht, Luft, Wasser und Boden um der gegenwärtigen Bewohner und der zukünftigen Generationen willen zu schützen.

Art. 8 Jede Person hat die Pflicht, sich integer, ehrlich und fair zu verhalten. Keine Person oder Gruppe soll irgendeine andere Person oder Gruppe ihres Besitzes berauben oder ihn willkürlich wegnehmen.

Art. 9 Alle Menschen, denen die notwendigen Mittel gegeben sind, haben die Pflicht, ernsthafte Anstrengungen zu unternehmen, um Armut, Unterernährung, Unwissenheit und Ungleichheit zu überwinden. Sie sollen überall auf der Welt eine nachhaltige Entwicklung fördern, um für alle Menschen Würde, Freiheit, Sicherheit und Gerechtigkeit zu gewährleisten.

Art. 10 Alle Menschen haben die Pflicht, ihre Fähigkeiten durch Fleiß und Anstrengung zu entwickeln sie sollen gleichen Zugang zu Ausbildung und sinnvoller Arbeit haben. Jeder soll den Bedürftigen, Benachteiligten, Behinderten und den Opfern von Diskriminierung Unterstützung zukommen lassen.

Art. 11 Alles Eigentum und aller Reichtum müssen in Übereinstimmung mit der Gerechtigkeit und zum Fortschritt der Menschheit verantwortungsvoll verwendet werden. Wirtschaftliche und politische Macht darf nicht als Mittel zur Herrschaft eingesetzt werden, sondern im Dienst wirtschaftlicher Gerechtigkeit und sozialer Ordnung.

Art. 12 Jeder Mensch hat die Pflicht, wahrhaftig zu reden und zu handeln. Niemand, wie hoch oder mächtig auch immer, darf lügen. Das Recht auf Privatsphäre und auf persönliche oder berufliche Vertraulichkeit muß respektiert werden. Niemand ist verpflichtet, die volle Wahrheit jedem zu jeder Zeit zu sagen.

Art. 13 Keine Politiker, Beamten, Wirtschaftsführer, Wissenschaftler, Schriftsteller oder Künstler sind von allgemeinen ethischen Maßstäben entbunden, noch sind es Ärzte, Juristen und andere Berufe, die Klienten gegenüber besondere Pflichten haben. Berufsspezifische oder andersartige Ethikkodizes sollen den Vorrang allgemeiner Maßstäbe wie etwa Wahrhaftigkeit und Fairneß widerspiegeln.

Art. 14 Die Freiheit der Medien, die Öffentlichkeit zu informieren und gesellschaftliche Einrichtungen wie Regierungsmaßnahmen zu kritisieren – was für eine gerechte Gesellschaft wesentlich ist –, muß mit Verantwortung und Umsicht gebraucht werden. Die Freiheit der Medien bringt eine besondere Verantwortung für genaue und wahrheitsgemäße Berichterstattung mit sich. Sensationsberichte, welche die menschliche Person oder die Würde erniedrigen, müssen stets vermieden werden.

Art. 15 Während Religionsfreiheit garantiert sein muß, haben die Repräsentanten der Religionen eine besondere Pflicht, Äußerungen von Vorurteilen und diskriminierende Handlungen gegenüber Andersgläubigen zu vermeiden. Sie sollen Haß, Fanatismus oder Glaubenskriege weder anstiften noch legitimieren, vielmehr sollen sie Toleranz und gegenseitige Achtung unter allen Menschen fördern.

GEGENSEITIGE ACHTUNG UND PARTNERSCHAFT

Art. 16 Alle Männer und alle Frauen haben die Pflicht, einander Achtung und Verständnis in ihrer Partnerschaft zu zeigen. Niemand soll eine andere Person sexueller Ausbeutung oder Abhängigkeit unterwerfen. Vielmehr sollen Geschlechtspartner die Verantwortung für die Sorge um das Wohlergehen des anderen wahrnehmen.

Art. 17 Die Ehe erfordert – bei allen kulturellen und religiösen Verschiedenheiten – Liebe, Treue und Vergebung, und sie soll zum Ziel haben, Sicherheit und gegenseitige Unterstützung zu garantieren.

Art. 18 Vernünftige Familienplanung ist die Verantwortung eines jeden Paares. Die Beziehung zwischen Eltern und Kindern soll gegenseitige Liebe, Achtung, Wertschätzung und Sorge widerspiegeln. Weder Eltern noch andere Erwachsene sollen Kinder ausbeuten, mißbrauchen oder mißhandeln.

SCHLUSS

Art. 19 Keine Bestimmung dieser Erklärung darf so ausgelegt werden, daß sich daraus für den Staat, eine Gruppe oder eine Person irgendein Recht ergibt, eine Tätigkeit auszuüben oder eine Handlung vorzunehmen, welche auf die Vernichtung der in dieser Erklärung und der Allgemeinen Erklärung der Menschenrechte von 1948 angeführten Pflichten, Rechte und Freiheiten abzielen.

Die Zeit, 2. Oktober 1997
www.zeit.de/1997/41/Allgemeine_Erklaerung_der_Menschenpflichten

DIE AUTORIN

Aleida Assmann, 1947 geboren, 1966–1972 Studium der Anglistik und Ägyptologie in Heidelberg und Tübingen; 1972 Magister Artium in Anglistik und Ägyptologie; 1968–1975 Grabungsaufenthalte zusammen mit Jan Assmann in Oberägypten (Gurna/Luxor); 1973–1978 Lehrverpflichtungen am Anglistischen Seminar der Universität Heidelberg; 1977 Promotion (Heidelberg); 1978–1981 Vertretung einer Assistentenstelle am Englischen Seminar der Universität Mannheim; 1992 Habilitation (Heidelberg); 1993 Berufung auf den Lehrstuhl für Anglistik und Allgemeine Literaturwissenschaft an der Universität Konstanz. Zahlreiche Fellowships und Gastprofessuren, unter anderem am Zentrum für Interdisziplinäre Forschung der Universität Bielefeld (ZIF), am Wissenschaftskolleg zu Berlin, an den Universitäten Rice, Princeton, Yale, Chicago und Wien. 2018 wird Aleida Assmann gemeinsam mit Jan Assmann mit dem Friedenspreis des deutschen Buchhandels ausgezeichnet. Zahlreiche Publikationen, unter anderem »Erinnerungsräume. Formen und Wandlungen des kulturellen Gedächtnisses« (1999, 4. Aufl. 2009, engl. Übersetzung Cambridge University Press 2012); »Der lange Schatten der Vergangenheit« (2006, 3. Aufl. 2018, engl. Übersetzung Fordham 2016). Im Picus Verlag erschien in der Reihe Wiener Vorlesungen »Auf dem Weg zu einer europäischen Gedächtniskultur?« (2012).